BASTEI
LÜBBE
TASCHENBUCH

Über den Autor:
Norbert Golluch hat zahlreiche Sachbücher, Kinderbücher und eine Vielzahl humoristischer Texte veröffentlicht, zuletzt die Bestseller „Stirbt ein Bediensteter während der Dienstreise, so ist die Dienstreise beendet. Meisterleistungen der Beamtensprache" sowie „Sie haben ihr Ziel erreicht. Missgeschicke, die passieren, wenn Technik voll auf Blödheit trifft." Er lebt mit seiner Familie bei Köln.

Norbert Golluch

UNSCHULDSLAMM
KOMMT
UNGESCHOREN
DAVON

KURIOSES AUS
POLIZEIBERICHTEN

BASTEI
LÜBBE
TASCHENBUCH

BASTEI LÜBBE TASCHENBUCH
Band 60980

Dieser Titel ist auch als E-Book erschienen

Originalausgabe

Copyright © 2017 by Bastei Lübbe AG, Köln
Textredaktion: Anne Büntig
Titelillustration: © Illu Unschuldslamm
Umschlaggestaltung: www.buerosued.de
Satz: Helmut Schaffer, Hofheim a. Ts.
Gesetzt aus der Avenir
Druck und Verarbeitung: CPI books GmbH, Leck – Germany
ISBN 978-3-404-60980-2

2 4 5 3 1

Sie finden uns im Internet unter www.luebbe.de
Bitte beachten Sie auch: www.lesejury.de

Ein verlagsneues Buch kostet in Deutschland und Österreich jeweils überall dasselbe. Damit die kulturelle Vielfalt erhalten und für die Leser bezahlbar bleibt, gibt es die gesetzliche Buchpreisbindung. Ob im Internet, in der Großbuchhandlung, beim lokalen Buchhändler, im Dorf oder in der Großstadt – überall bekommen Sie Ihre verlagsneuen Bücher zum selben Preis.

INHALT

WIE LUSTIG
DARF DIE POLIZEI SEIN?

Schmuck sehen sie aus in ihren adretten Uniformen, sie halten unsere freiheitlich-demokratische Grundordnung aufrecht und springen dort in die Bresche, wo wir Normalbürger sonst schutzlos Kriminalität und Chaos ausgeliefert wären. Dennoch werden sie oft mit Stinkefingern bedacht und als Wegelagerer, Raubritter, blöde Schweine, Asoziale, Trottel in Uniform und – fast noch liebevoll – Bullen beschimpft (siehe dazu: Was es kostet, die Polizei zu beleidigen, S. 132). Ihre Intelligenz wird immer wieder in Zweifel gezogen. Zudem wird ihnen ein hemmungsloser Korpsgeist unterstellt: Eine Krähe hackt der anderen kein Auge aus.

Polizisten stellen also nicht nur das Bollwerk unserer Sicherheit dar. Sie und ihre Tätigkeit muten manchmal kurios an und liefern Nachrichten von hohem Unterhaltungswert. Danke, ihr treuen Staatsdiener!

DER POLIZEIBERICHT

HAARSCHARF DANEBEN

In Polizeiberichten lauert an so manchen Stellen der unbeabsichtigte Humor. Die Beamten von der Polizei kämpfen eben manchmal mehr mit den Worten als mit Kriminellen und Vandalen. Hier ein paar polizeiliche Stilblüten.

„Am Tatort sichteten wir den Förster, zwei Arbeiterinnen, zwei Wacholdersträucher und anderes Blattwerk, wie in der Skizze festgehalten."

„Bei ihrer Rückkehr aus der Kantine an ihre Arbeitsstelle hat Frau P. zufällig gefrorenes Wasser angetroffen, auf dem sie ausrutschte und sich am Knie verletzte."

„Die weiteren Ermittlungen erbrachten, dass die Genannte außerdem mittels einer Eidechse das Bein des Mitarbeiters Josef P. beschädigte."

„Der Direktor wird weiterhin beschuldigt, die Sekretärin Ulrike D. so unvorsichtig behandelt zu haben, dass sie in andere Umstände kam."

„Wie uns gemeldet wurde, lief die Ehefrau mit der Wäsche ihres Mannes, den Federbetten und dem Geliebten weg. Der Wert dieser Dinge beträgt ca. 520,- €."

„Der Täter entwendete im Schlachthof größere Mengen Stierhoden, mit der Absicht, diese für sich zu nutzen."

„Nach Erscheinen des Polizei-
wachtmeisters K. wurde Franz B.
von diesem aufgefordert, sein
anstößiges Benehmen zu unterlassen,
was er mit den Worten ablehnte,
er solle ihn am Arsch lecken. Als
das dann passierte, wurde Franz B.
festgenommen. Zeugen liegen bei.“

*„Die Mordkommission schließt
nicht aus, dass die bei Hannover
gefundenen Teile eines menschlichen
Körpers zu einer Leiche gehören.“*

DIE POLIZEILICHE VERLAUTBARUNG
MEISTERWERKE DER AMTSSPRACHE

Sie haben sicher schon beim Lesen der wenigen Beispielsätze aus den Polizeiberichten bemerkt, dass sich die Polizei einer besonderen Sprache befleißigt. Nicht nur beim Satzbau, auch in der Wortwahl unterscheiden sich Polizisten von normalen Menschen deutlich. Kein Mensch ohne Dienstgradabzeichen verwendet die folgenden Wörter in der Umgangssprache: Da befahren Personen – nicht etwa Menschen – als **Fahrzeuglenker** in ihrem **Personenkraftwagen** eine **Straßenkrümme**, begehen **Tötungsdelikte** oder **verunfallen alleinbeteiligt**. **Fahrzeugführer** werden Opfer von **Schadenfeuern**, **Widerständler** bekommen den **Rettungsmehrzweckstock** zu spüren, und aus verbalen Auseinandersetzungen werden körperliche. Kraftfahrzeuge kollidieren mit **Lichtzeichenanlagen**, statt **bis zum Stillstand abzubremsen**. Und all das geschieht, obwohl die zuständigen Beamten den betreffenden Bereich ordnungsgemäß **bestreifen**.

„Bei dem stark angetrunkenen Tatverdächtigen wurde nach Rücksprache mit der Staatsanwaltschaft eine **Blutentnahme** durchgeführt."
Durch Vampire?

„Aus bisher nicht geklärten Gründen kam der Mann mit seinem Traktor **alleinbeteiligt** nach links von der Fahrbahn ab, wodurch sein Gespann samt Traktor seitlich nach rechts umfiel."

„Der Verdacht des **Vorliegens eines explosiven Gemisches** konnte nicht bestätigt werden." Der Verdächtige hatte nur Bohnen gegessen.

„die **Verabreichung** von sog. K.-o.-Tropfen"

„Der Täter machte präzise Angaben zu seinem Tagesablauf, jedoch ungenaue zur **tatrelevanten Zeit**."

Das Fahrzeug war nicht etwa zu schnell, sondern wurde „**mit nicht angepasster Geschwindigkeit** bewegt."

„Am gestrigen Abend um 20.20 h ereigneten sich im Aachener Ostviertel Familienstreitigkeiten, in deren Verlauf es nach ersten Erkenntnissen zu **Droh- handlungen** mit einem Messer kam."

„Bei der Einreise erfolgt eine **fahndungsmäßige Überprüfung** durch die Bundespolizei, was bedeutet, dass in den Fahndungslisten nachgesehen wird, ob die einreisende Person wegen krimineller Vergehen gesucht wird."

„Es handelte sich um den Tatbestand der **Leistungserschleichung**, der von mehreren Geschädigten **beanzeigt** wurde."

„Der **verunfallte** Fahrer war nach eigener Aussage kurz am Steuer eingenickt und mit einem Findling am Straßenrand kollidiert."

„Unverzüglich **bestiegen** die Verkehrspolizisten den Streifenwagen und folgten dem Verdächtigen."

Der Stier besteigt die Kuh – werden Polizisten also deshalb als „Bullen" bezeichnet?

„In der Wohnung des Verdächtigen stießen sie auf mehrere **illegal aufhältige** männliche Personen."

„Nach § 42a Nr. 1 Waffengesetz dürfen **Anscheinswaffen** nicht in der Öffentlichkeit geführt werden. Sie müssen in einem verschlossenen **Behältnis**, nicht zugriffs- und nicht schussbereit, transportiert werden. Ausnahmen gelten unter anderem im Fall von Brauchtumsveranstaltungen (z.B. Umzügen).“

„Eine Streife war am Sonntagnachmittag in der Adrian-Pletsch-Straße im Einsatz, weil dort ein Wohnhaus nach einem **mutmaßlichen** Wasserrohrbruch geöffnet werden musste.“

Mutmaßlicher Wasserrohrbruch!
Woher sonst soll denn das ganze
Wasser gekommen sein, das in Strömen
die Treppe herunterlief?

„Die vorgefundene Person war **betäubungsmittelsuspekt.**"

Zu Deutsch: voll zugedröhnt.
*Sie hatte also **verbotenerweise***
Betäubungsmittel konsumiert.

„Er wurde Opfer eines **Tötungs-deliktes zum Nachteil** seiner Person und ist **an der ihm zugefügten Gewalt verstorben.**"

„Am Tatort des Attentates fand sich ein **Selbstbezichtigungsschreiben.**"

Vermutlich das Gegenstück zu einem
Fremdbezichtigungsschreiben.

„Die auf der Zugmaschine beladenen Schweine konnten unversehrt dem Schlachthof **zugeführt werden.**"

(Mitteldeutsche Zeitung vom 24.6.2016)
Was für ein Glück für die Tiere!

POLIZEI ONLINE
WAS DER AMTSSCHIMMEL SO ALLES TWITTERT

Bisher haben wir uns stets anonym und unbeobachtet gefühlt, wenn wir online in einem sozialen Netzwerk unsere krassen Ansichten und abgedrehten Verschwörungstheorien rausgehauen haben. Diese wunderbaren Zeiten – etwa zwischen 1999 und 2015 – gehen nun vorbei. Hinter jeder digitalen Ecke lauert ein Staatsdiener und Behördenvertreter. Sie beobachten nicht nur unser Treiben (Big Brother is watching you), sondern bringen sich tatkräftig selber ein. Mancher Bundesbürger fragt sich: Dürfen die Bullen das überhaupt? Darf die Polizei twittern und/oder, wenn ja, sind üble Missstände zu erwarten, wie sie DIE ZEIT in ihrem Artikel „Wie lustig darf die Polizei sein?" (Nr. 42/2016, 6. Oktober 2016) vermutet? Wird die Mordkommission eines Tages wirklich in Echtzeit vom Tatort twittern:

Eifersüchtiger Ex-Freund hat Braut zerstückelt – schade ums schöne #Hochzeitskleid.

Als Kommentar zu einem Zugunglück könnte es dann geschmacklos heißen:

*Ooops, wir haben hier 53 Tote
und ein paar Zerquetschte :))*

Oder darf es als Kommentar zur Kölner Silvesternacht 2016 (ganz schön einfallsreich in dieser Hinsicht, die ZEIT-Autoren) ein Sprachspiel in mittelalterlicher Manier sein?

```
Mehr als tausend schurkenhafte Unholde
     aus dem Morgenland haben sich an
unzähligen deutschen Mägden vergangen.
   Doch die edlen Ritter unserer Zunft,
denen sich der grausliche Anblick bot, griffen
  nicht ein, weil sie gar wen'ge waren!
```

• • • • • • • • • • • • • • • • • • •

So weit ist es noch nicht – und so weit wird es auch nicht kommen. Aber das soziale Netzwerk Twitter findet immer mehr Interesse bei den Behörden und in der Politik. Zu den ganz frühen Vögeln gehört die Bundesregierung:

*Guten Tag, aktuelle Informationen
zur Bundesregierung ab heute auch
per Twitter. Folgen sie mir unter
@RegSprecher. Ihr Steffen Seibert
— Steffen Seibert (@RegSprecher)
28. Februar 2011*

Der damals brandneue Papst Franziskus (@pontifex) zwitscherte erstmals am 13. März 2013 um 20:33 Uhr („Habemus Papam Franciscum"). Am 20. März 2014 um 9:07 Uhr postete die Polizei Berlin ihren ersten Tweet, immerhin zwei Monate vor dem amerikanischen Geheimdienst CIA (6. Juni 2014) und auch noch deutlich vor Edward Snowden (29. September 2015):

> *Can you hear me now?*
> *@Snowden*

Das Polizeipräsidium Karlsruhe schickte seinen ersten Beitrag am 16. Februar 2015, die Polizei Heilbronn wartete bis zum Oktober 2016. Eigentlich war das alles ein bisschen zu spät. Popstar Pink textete bereits am 4. April 2009:

> *I have officially entered*
> *the 20th century. i mean*
> *the 21th century.*

Google verfasste den ersten Tweet (26. Februar 2009) binär:

> *I'm 01100110 01100101 01100101*
> *01101100 01101001 01101110 01100111*
> *00100000 01101100 01110101*
> *01100011 01101011 01111001 00001010*

Im Klartext:

> *I'm feeling lucky.*

Auch die Kabarettistin Carolin Kebekus gehörte
zu den frühen Vögeln – 19. August 2009:

> *Muss noch lernen, wie das geht*

Das mussten die Polizeibeamten auch, doch mittlerweile
geben die Tweets der unterschiedlichen Polizeidienststellen
den Alltag wieder – und das in knapper und ausgesprochen konzentrierter Form, wie etwa hier bei der Polizei
Nordrhein-Westfalen:

> *„Joint geraucht, geflüchtet, Polizisten
> mit Flasche beworfen – vorläufige
> Festnahme in #Dortmund"*

In seiner Kürze und Präzision ein beeindruckender Text.

Auch Berlins Polizei macht aus Erlebnissen auf Streife
informative Tweets:

> *Mundraub in #Friedrichshain. Frau
> belästigt Gäste eines Restaurants.
> Sie klaut Pizza von den Tellern und
> geht nicht weiter. #24hPolizei*

> *Ja, wenn sie doch hungrig ist …*

Ebenfalls aus Berlin stammt dieser Fall von allzu begeister-
ter Bürgerbeteiligung:

> *Stark angetrunkener Fußgänger ver-*
> *sucht in #Schöneberg den Verkehr zu*
> *regeln. Wir lösen ihn ab. #24hPolizei*

Deutlich lustiger geht es auf der Wiesnwache beim
Münchener Oktoberfest zu. Unter #wiesnwache findet sich
einiges unterhaltsames Material:

> *Polizei München: Betrunkener fühlt*
> *sich wahnsinnig erotisch und*
> *versucht sich in Shorts an Gitterstäben*
> *als Pole Dance Gott! Sehenswert –*
> *NICHT! #Wiesnwache*

> *Polizei München: Und wieder wollens*
> *zwei nicht glauben, dass es sich für sie*
> *heut ausgehopft hat. Wir machen den*
> *Erklärbär. #Wiesnwache*

> *Polizei München: Kleiner Hinweis am*
> *Rande: „No Smoking" im Zelt ist keine*
> *Kleidervorschrift. #Wiesnwache*

> *Polizei München: Fachkraft für*
> *spontane Eigentumsübertragung wird*
> *von Passanten festgehalten.*
> *Wir übernehmen. #Wiesnwache*

Die Münchner Polizei tut per Twitter auch ihre Sorge für ihre Mitarbeiter kund – sogar für die vierbeinigen:

> *Alles Gute zum #Welthundetag*
> *und natürlich bekommt jeder heute*
> *ein Extraleckerli.*

• • • • • • • • • • • • • •

Auch Berlins Polizei lässt es an Tierliebe nicht mangeln, twittert sie doch unter @PolizeiBerlin_E:

> *2 m großer Waschbär soll auf*
> *Nachbargrundstück in #Marzahn*
> *unterwegs sein.*

Und kurz darauf:

> *Unsere Kollegen haben einen normal*
> *großen fidelen Waschbären auf einem*
> *2 m hohen Ast eines Obstbaumes*
> *entdeckt. #24hPolizei*

• • • • • • • • • • • • • • • •

Mitfühlend informiert sie über das tragische Ende eines hoffentlich anderen Waschbären am 28. Mai 2016:

> *Ein Waschbär ging in #Marzahn*
> *von uns. Er liegt tot an einer*
> *Bushaltestelle. Betroffenheit im Team.*
> *#24hPolizei*

Handelt es sich hier um Einzelfälle? Keineswegs:

> *Ungesichertes Raubtier in #Marzahn.*
> *Wir kümmern uns um den*
> *unverschlossenen Jaguar. #24hPolizei*

Sehr lustig! Die folgenden Tiere sind wieder aus Fleisch und Blut und erfordern die volle emotionale Anteilnahme:

> *Entenfamilie in #PrenzlauerBerg*
> *quakt nach Hilfe. Unsere Kollegen*
> *flechten Körbchen, um den Kleinen*
> *über die Straße zu helfen. #24hPolizei*

Wie einfühlsam! An anderer Stelle ist eher Durchsetzungs-vermögen gefragt:

> *Anwohner melden: Nerviger*
> *Saxofonist spielt seit Stunden*
> *immer die gleichen fünf Akkorde.*
> *#Neukölln #24hPolizei*

Lärmbelästigung ist ein Problem, gegen das die Polizei häufig anzukämpfen hat. Nicht immer ist Alkohol im Spiel und nicht in jedem Fall ist ein allzu leidenschaftlich gespieltes Musikinstrument die Quelle:

Notruf, weil der Sex der Nachbarn in #Schöneberg schon zu lange zu laut ist. Funkwagen kommt hinzu. #24hPolizei

Nahezu zeitgleich geht es wieder um Sex und Randale, allerdings im Kino:

Im falschen Film? Mann randaliert im Sexkino in #Charlottenburg. #24hPolizei

Manchmal allerdings ist man gegenüber der Lärmquelle auch auf Beamtenseite komplett ratlos. Was soll man in einem Fall wie dem folgenden machen?

Mann schreit Autos in #Grunewald an. #24hPolizei

Mal den Psychiater fragen, der möglicherweise weiß, was den Mann bewegt. Vielleicht muss er in dieses ganz besondere Krankenhaus … Apropos Medizin:

> *Mann duscht in Krankenhaus*
> *(#Mitte) ohne Patient zu sein*
> *und wird dabei als Straftäter*
> *wiedererkannt. #24hPolizei*

Eine ruhige Schicht auf Streife? Keine Chance! Überall lauert der alltägliche Wahnsinn. Von der warmen Dusche bis zum knallharten Verbrecher – die Ordnungshüter müssen auf alles eingestellt sein. Hin und wieder kann es sogar vorkommen, dass es die Polizei mit mutmaßlichen Zombies zu tun hat, worüber die Twitter-Community natürlich sofort informiert werden muss, wenn auch nur im Nebensatz:

> *Wiedererwacht? Eine Person in*
> *#Mitte möchte jetzt den Friedhof*
> *verlassen.*
> *Leider ist die Pforte geschlossen.*
> *Wir helfen. #24hPolizei*

NO NOTRUF, BITTE!

Keine Frage, lustige Tweets verbessern das Bild, das die Bürger von der Polizei haben. Die Berliner Polizei nutzt Twitter aber auch, um ihrem Unmut Luft zu machen. Sie geht via Twitter in die Offensive, was die unsachgemäße Nutzung der Notrufnummer betrifft. Unter #NoNotruf schildern die Beamten die schlimmsten Entgleisungen der Berliner Bürger, welche die Notrufnummer offenbar für eine belustigende Einrichtung halten.

> *Die Reparatur meiner Heizdecke dauert nun schon fünf Wochen! #Live#NoNotruf*

Unzumutbar!
Da muss ein Sondereinsatzkommando ran.

> *Ich habe aus Versehen meine Telefongebühren an den falschen Anbieter überwiesen. #Live#NoNotruf*

Das ist dümmer, als die Polizei erlaubt.
Nichts zu machen.

*Der Ladenbetreiber will meine
Pfandflaschen nicht annehmen,
der muss die doch zurücknehmen.
#Live#NoNotruf*

Um Pfand- und andere Flaschen kümmert sich die Polizei
jeden Tag. Kein Problem!

*Ich krieg mein kaputtes Fahrrad-
schloss nicht auf. Könnt ihr mir helfen?
#Live#NoNotruf*

Ein echter Notfall! Möglicherweise muss da jemand laufen –
unvorstellbar!

*Mir ist eine Katze zugelaufen.
Wollte fragen, ob die jemand vermisst.
#Live#NoNotruf*

Logisch, da kann nur eine Großfahndung helfen.
Eine Nummer kleiner geht es nicht.

*Können Sie mir sagen, wo das Amts-
gericht Tiergarten ist? #Live#NoNotruf*

*Turmstraße 91, 10559 Berlin. Aber nach
Hause finden Sie allein?*

Einen ganz besonderen Aufruf an alle Straftäter oder womöglich die ganze Bevölkerung ließ die Münchener Polizei verlauten:

> *Bitte bei der nächsten*
> *Polizeidienststelle melden.*

Der Tweed war tatsächlich an alle adressiert. Offenbar hatte ein in Sachen soziale Medien unerfahrener Beamter das @ vergessen, denn der Tweet war mit Sicherheit an eine bestimmte Person gerichtet. So erfuhren die Beamten kollektive Resonanz und konnten sich an einer ganzen Anzahl unterhaltsamer Antworten erfreuen. Rosi Blue twitterte:

> *@PolizeiMuenchen Wer ist ausgefallen?*
> *Soll ich Euch aushelfen? Wollte schon*
> *immer bei Euch reinschauen,*
> *wie's da so läuft. PÖ interessiert mich.*

Und Christine Doering zeigte sogar Herzenswärme:

> *@PolizeiMuenchen Ach, es ist doch*
> *schön, wenn man vermisst wird!*
> *Hiermit melde ich mich. Hab Euch*
> *auch vermisst! *dickesBussi**

Einen gewissen Abschluss fand der Vorgang dann mit dem folgenden Tweet der Münchener Polizei:

> *Und heute für #München: 1 #monday-*
> *motivation von unserem #Polizei-*
> *praktikanten – Lektion 1: wie verwende*
> *ich ein „@" richtig? ;)*

ZWISCHEN DEN ZEILEN

Manch ein Tweet der Polizei zeugt von Humor und von einer erstaunlichen Kreativität im Umgang mit den erlaubten 160 Zeichen. Tatsächlich werden auf dieser Plattform Informationen und Meinungen transportiert, die man im trockenen Behördenalltag nicht erwarten würde:

Wie das Göttinger Tageblatt berichtete, kontrollierte an einem Montagmorgen im November 2016 eine Polizeistreife in Meppen einen jungen Autofahrer. Dieser stand unter Drogeneinwirkung, musste 500 Euro Bußgeld zahlen und wurde mit einem vierwöchigen Fahrverbot belegt. Außerdem erhielt er zwei Punkte in Flensburg – und diese Tatsache regte einen Polizeioberkommissar dazu an, über den Vorgang zu twittern:

 19-Jähriger jetzt punktgleich mit dem HSV.

Der krisengeschüttelte Fußballverein hatte es in der betreffenden Saison nur auf lächerliche zwei Punkte in der Bundesligatabelle gebracht.

Auf ungewöhnliche Weise machte im August 2016 ein Autofahrer aus Litauen auf einen Verkehrsnotfall auf einer Autobahn in Sachsen-Anhalt aufmerksam: Ein Auto hatte einen Motorschaden, und da kein Warndreieck zur Verfügung stand, stellte er eine Schüssel mit Tomaten und roten Paprika an den Straßenrand. Er habe gewusst, so der Fahrer, dass er in einer solchen Situation auf die Gefahrenstelle hinweisen muss, und mangels Warndreieck diese kreative Lösung gefunden. Die Beamten der Polizeidirektion Sachsen-Anhalt Nord waren beeindruckt, sahen von Strafmaßnahmen ab und reagierten mit dem folgenden, von einem Foto unterstützten Tweet, der sehr schnell mehrere Hundert Likes bekam:

> @PolizeiPDNord
> *Beide Augen zugedrückt – kein*
> *Bußgeld für Kreativität!*
> *Warndreieck wäre die bessere Wahl!*
> *#Sicherheit #Polizei*

POLIZEI UND DICHTUNG
WENN DER BEAMTE ZUM POETEN WIRD

*Papierkram nervt: Formulare ausfüllen, Berichte schreiben.
Wer tut das schon gern? Womöglich hat man gerade
auch noch eine anstrengende Schicht auf der Straße
hinter sich. Dann lautet das Motto: Augen zu und durch!
Denn erst nach den bürokratischen Pflichten beginnt
der Feierabend. Manche Beamte laufen selbst nach
anstrengenden Einsätzen noch zur Höchstform auf und
schreiben ihre Berichte als Kurzgeschichte oder Ballade –
sogar die Süddeutsche Zeitung berichtete schon darüber.*

26. Juni 2015 – Unfall in Köln – der Sachverhalt: Eine Kölnerin
fährt mit ihrem Auto durch die Scheibe eines Fitnessstudios.
Ein nüchterner Bericht käme mit wenigen Zeilen aus:

„In der Nacht zu Freitag wollte eine Frau
gegen 1:20 Uhr auf dem Gelände eines
Fitnessstudios in Köln-Mülheim einparken.
Dabei fuhr sie durch die Fensterscheibe
des Studios. Die Frau gab der Polizei
gegenüber an, dass ihr Auto Probleme beim

Bremsen gehabt hätte. Verletzte gab es
keine. Technische Mängel am Auto konnte
die Polizei vor Ort nicht feststellen. Es
entstand ein erheblicher Sachschaden."

Doch der Kölner Polizeisprecher Christoph Gilles bot der
Presse den folgenden Text an, in dem er auch die soziokulturellen
Begleitumstände des Unfalls in angemessener Weise
beleuchtete:

„Unter Sportphysiologen und Fitnesscenter-
Nutzern ist die Frage nach der idealen
Trainingszeit nicht ganz unumstritten. In rund
um die Uhr geöffneten Einrichtungen trifft
man infolgedessen zu jedweder Tages- und
Nachtzeit sich verausgabende Sportler an. Wobei
die einen gerne in absoluter Ruhe trainieren.
Andere wiederum schwören eher auf eine
geräuschintensive Motivationssteigerung – wie
zum Beispiel durch musikalische Untermalung.
Als Stimulans in diesem Sinne könnte
gegebenenfalls auch ein einzelner, brachialer
Paukenschlag dienlich sein. Daher rührt dem
Vernehmen nach wohl auch der Begriff der
„Sportskanone". Jedem also, wie's ihm gefällt.
Wobei sich alle jedenfalls einig sind, dass
ein ordentlicher Stoß Frischluft beim Workout
durchaus nicht schadet."

Den eigentlichen Unfallvorgang beschreibt der Polizeisprecher
in ähnlich blumiger Sprache, ja, er sucht sogar nach
dramatischen Bildern:

„Bereits von der Fahrbahn aus bemerkte
die trainierte Kölnerin dann eine un-
mittelbar neben dem Studio-Eingang be-
findliche, freie Parktasche. Und visier-
te diese passgenau an. Gut – nicht ganz
passgenau ... Jedenfalls sicherte sich die
Kölnerin in diesem Augenblick konsequent
den allerkürzesten Weg in das – bis da-
hin – rundum verglaste Center. Warum sie
den bordeauxroten Merivan nicht vor der
Schaufensterscheibe zum Stehen brachte, sondern erst, nachdem sie das Sicher-
heitsglas mittels ihrer Fahrzeugfront
demontiert hatte, konnte die 41-Jähri-
ge den hinzugerufenen Polizisten später
nicht wirklich erklären. Der Wagen habe
'irgendwie nicht richtig gebremst', gab
sie kleinlaut zu verstehen. Irgendwelche
technischen Mängel konnten die Beamten
vor Ort nicht feststellen." (Zitiert nach
Express vom 24.7.2015)

● ● ● ● ● ● ● ● ● ● ● ● ●

Ähnlich beeindruckend wie dieses Sprachkunstwerk aus
polizeilicher Quelle kann umgekehrt die Berichterstattung
der Presse über polizeiliche Arbeit ausfallen:

„Unter den Augen vieler Zuschauer
versuchte er, die Frau vor der
Autobahnbrücke zu missbrauchen.
Die Polizei kam ihm zuvor."
(Wetzlarer Neue Zeitung)

DER KURIOSE ALLTAG BEI DER POLIZEI

WAS SICH TÄTER, OPFER UND ZEUGEN SO LEISTEN

Es gibt nichts, was es nicht gibt: Ein Mann zahlt mit einem 30-Euro-Schein – und bekommt Wechselgeld zurück, Drogenhändlerinnen verkleiden sich als Nonnen, Diebe stehlen ein fettes Lamm und stellen als Ersatz ein dünnes zur Herde, ein Dreijähriger wird wegen Körperverletzung angezeigt, ein Arzt stiehlt Heroin aus dem Bauch eines Drogenkuriers, das er eigentlich sicherstellen soll, und ein Beamter muss eine angebliche Bombe in einem Mülleimer entschärfen, die sich als ein vibrierender **Penisring** entpuppt – so geschehen im April 2016 in Halberstadt. Sogar Sprengstoffspezialisten der Polizei rückten an, als die Mitarbeiterin einer Spielhalle ein eigenartiges Geräusch aus einem Mülleimer meldete. Die Spielothek und die umliegenden Geschäfte wurden evakuiert. Experten des Landeskriminalamts entdeckten im Mülleimer aber nichts weiter als besagten Penisring und gaben Entwarnung.

Die Liste der Kuriositäten ließe sich problemlos fortsetzen:

Ebenfalls von den vibrierenden Kräften der Erotik wurde die Polizei am 31. Januar 2017 in Bremen auf den Plan gerufen: Eine Frau hatte merkwürdige Geräusche in ihrer Wohnung gehört und vermutet, dass sie Opfer eines Einbruchs geworden sein könnte. Die herbeigeeilten Beamten durchsuchten die Wohnung und fanden den Täter im Badezimmer: „Er lag in der Wanne, war blau angelaufen und zuckte unkontrolliert", wie im Polizeibericht vermerkt wurde. Es handelte sich allerdings nicht um einen Einbrecher, sondern um einen **Vibrator – Modell „Blauer Maulwurf".**

Allen Ernstes, so etwas gibt es.

Sie kennen den Witz mit dem Autofahrer, der als 100.000ster die Autobahnbrücke passiert? Fahrer sturzbesoffen, Auto gestohlen, Leiche im Kofferraum und so weiter? Die Realität sieht manchmal nicht anders aus. So berichtete die Polizei am 27. Oktober 2014 in Düsseldorf, dass ein Mann mit einem gestohlenen Pkw in der Stadtmitte in eine Verkehrskontrolle geraten sei. Es handelte sich um einen massiven **Mehrfachtäter**: Nicht nur, dass das Auto als gestohlen gemeldet war, der Fahrer stand obendrein unter Drogen und Alkohol, eine Fahrerlaubnis besaß er auch nicht – ein Schnäppchen für die Fahndungsstatistik.

Springinsfeld – Aufgeschreckt durch eine Alarmanlage sprang im August 2013 ein Einbrecher in Benrath bei Düsseldorf aus dem Fenster einer Gaststätte – direkt in die Arme der Polizeistreife, die ihn dort erwartete. Ob dieser Fahndungserfolg eine Folge des Predictive Policing oder gar der neuen Prognose-Software Precobs war, wurde nicht berichtet.

Drogen im Turnbeutel – Ein Turnbeutel mit einer Portion Drogen war am 20. Mai 2013 in einem Regionalexpress liegen geblieben. Ein 19-jähriger Bahnreisender hatte ihn dort vergessen, das Fundstück wurde bei der Polizei abgegeben. Neben dem Marihuana fanden sich darin praktischerweise auch die Ausweispapiere des Besitzers. Und es kommt noch besser: Zur Fahndung musste die Polizei ihn nicht ausschreiben, denn der Verlierer meldete sich selbst bei der Polizei, um sein Eigentum in Empfang zu nehmen.

Ebenfalls Drogen im Spiel waren im folgenden Fall: Am 18.Juni 2015 erreichte ein Regionalexpress durch das Ruhrgebiet eine derartig hohe Geschwindigkeit, dass ein Fahrgast die Notbremse zog – allerdings war er der einzige, der das Tempo des Zuges als **Geschwindigkeitsrausch** empfand. Ein 47-jähriger Drogen-konsument nahm das an sich alltägliche Tempo des Regionalexpresses – 160 Kilometer pro Stunde – als derartig schnell wahr, dass er ihn unbedingt zum Halten bringen musste. „Der Zug fuhr mir zu schnell, ich wollte mit dem Triebfahrzeugführer darüber sprechen", erklärte der Mann den Polizeibeamten, die ihn im Dortmunder Hauptbahnhof in Empfang nahmen. Zusätzlich zu einem Drogendelikt droht dem Mann nun auch noch ein Verfahren wegen Missbrauchs von Nothilfeeinrichtungen – so nennt es der Beamte, wenn jemand ohne Not die Notbremse zieht.

Explosiver Gartenbau – Seinen Apfelbaum wollte ein Mann in Unna ein für alle Mal aus seinem Garten entfernen. Offenbar hatte er seine Motorsäge verlegt und wählte daher eine andere Methode: Er manipulierte Feuerwerkskörper, brachte sie im Stamm des Baumes an und sprengte diesen am Abend des 15. September 2015. Teile des Baumes schlugen in den Nachbargärten und sogar auf einem 70 Meter entfernten Kreisverkehr ein. Die durch die heftige Detonation total verschreckten Anwohner riefen die Polizei, welcher wir den Bericht über das kuriose Geschehen verdanken. Als die Beamten die Wohnung des „Sprengmeisters" durchsuchten, fanden sich weitere 50 Kilo Pyrotechnik, über deren Verwendungszweck der Täter keine Aussage machen wollte.

Oma und der Kampfstoff – Mit Pfefferspray wollte eine 75 Jahre alte Patientin im Oktober 2015 ihren Anspruch auf den Fahrstuhl in einer Nürnberger Arztpraxis geltend machen, und zwar gegenüber einer ebenfalls 75 Jahre alten anderen Patientin. Sie sprühte der Kontrahentin Pfefferspray ins Gesicht. Der Kampfstoff verteilte sich so intensiv in den Räumen der Praxis, dass die übrigen Patienten unter starkem Hustenreiz litten und Polizei und Feuerwehr das Gebäude räumen mussten. Die Frau mit der Spraydose floh zunächst, wurde aber kurz darauf gefasst.

Einen Blitzkasten mit Stumpf und Stiel ausreißen – welcher Autofahrer hat nicht schon einmal davon geträumt? In Hessen wurde dieser Traum wahr, wenn auch auf ziemlich fragwürdige Weise. Einige Randalierer stahlen im Oktober 2015 einen Bagger, starteten die Baumaschine, fuhren damit zur B 3 und rissen mithilfe der Baggerschaufel des schweren Geräts gleich drei Blitzanlagen aus ihrer Verankerung. Der Schaden betrug mehrere Tausend Euro.

Attacken gegen Starenkästen – eingeschlagene oder mit Farbspray unbrauchbar gemachte Kameras, durchschnittene Kabel, angesägte Standpfosten – gehören in Deutschland offenbar zur Folklore, beispielsweise am Ostring in Hilden, Kreis Mettmann. Dort griffen Diebe zur Flex und durchtrennten den Pfosten der stationären Geschwindigkeitsüberwachungs-

anlage. Sie entwendeten das komplette Gehäuse samt Kamera und Messanlage. Wiederbeschaffungspreis für den Starenkasten: 70.000 Euro. Wenn Ihnen jemand so ein Gerät anbietet, wissen Sie jetzt, woher es kommt. Einfach bei der Polizei in Hilden anrufen.

Trittbrettfahrer – Eine Fahrt auf dem Trittbrett eines Zuges beendete die Polizei im November 2015. Ein Mann hatte auf dem Bahnhof in Stuttgart eine Zigarette geraucht, als ihm der Zug davonfuhr. Aus Angst um sein Gepäck sprang der Mann auf das Trittbrett zwischen der schiebenden Lok am Ende des Zuges und dem letzten Waggon und legte an diesem unbequemen Ort 21 Kilometer mit Tempo 160 zurück. Sogar ein Hubschrauber kam zum Einsatz, doch der Mann konnte in der Nähe von Vaihingen aus seiner unbequemen Lage befreit werden. Ihn erwartete ein Bußgeld.

Ein Ladendieb namens **King Kong** wurde am 12. Oktober 2015 von Mitarbeitern des Supermarktes in Bremen-Schwachhausen auf frischer Tat ertappt. Als sie den Dieb stellen wollten, bedrohte dieser sie mit einem Messer. Der räuberische Dieb wurde dennoch gefasst, weigerte sich aber kategorisch, seine Personalien anzugeben. Auf Fragen der ihn verhörenden Beamten nannte er stets nur den Namen King Kong. Ansonsten schwieg er eisern. Die Ermittler erwirkten daraufhin beim Bremer Amtsgericht die Erlaubnis, ein Foto von King Kong zu veröffentlichen, mit dessen Hilfe er Ende Oktober identifiziert und somit entlarvt werden konnte.

Ein mutiger Mann kann manchmal der Polizei die Arbeit abnehmen: Ganz ohne die Ordnungshüter kam ein Imbissbesitzer in Berlin-Reinickendorf am 28. August 2015 aus: Er wehrte zwei Räuber, die in seine Kasse greifen wollten, mit einer ganz besonderen Waffe ab: mit einer **Kanne Tee**. Mithilfe der heißen Flüssigkeit schlug der mutige 50-jährige Kleinunternehmer die bewaffneten Räuber in die Flucht. Er warf mit der Kanne nach ihnen und landete einen Treffer. Zwar löste sich ein Schuss aus der Waffe der Täter, aber niemand wurde verletzt. Die beiden Täter ergriffen ohne Beute die Flucht.

Weil sie ihren Sohn in Lebensgefahr wähnte, legte eine 53-jährige Mutter am 22. Juni 2015 in Bremen ein ganzes Kino lahm. Elf Kino-säle wurden von der Polizei geräumt, weil die Mutter eine SMS ihres Sohnes (16) nicht richtig gelesen hatte. Sie rief die Polizei an und erzählte den Beamten, ihr Sohn habe ihr folgende Nachricht geschickt: „Hol mich bitte sofort ab, ich werde umgebracht." Ein Streifenwagen der Polizei raste zum „Tatort", konnte aber den mutmaßlich bedrohten Jungen weder im Kino noch im Außenbereich finden. Um Schlimmeres zu verhindern, ließ der Sicherheitschef des Kinos alle Kinosäle komplett räumen. Währenddessen warf die Polizei einen Blick auf das Mobiltelefon der Mutter und die beunruhigende SMS, die da plötzlich lautete: „Musst mich nicht abholen. Werde rumgebracht." Ein klarer Fall von **Lese-Rechtschreibschwäche**, der die Frau teuer zu stehen kommen könnte. Obwohl sich die Frau vielfach für ihren Fehler entschuldigte hatte, erwog das Kino eine Schadensersatzklage.

44 Mal die Zeche geprellt, das ist wirklich ein besonderer Rekord: Am 16. November 2014 nahm die Polizei in einem Lokal in Düsseldorf einen 60-jährigen Duisburger fest, der den Beamten bereits am Tag zuvor aufgefallen war. In beiden Fällen wollte er nämlich nicht zahlen, was er gegessen und getrunken hatte. Bei der Überprüfung auf der Wache stellten die Beamten fest, dass der Täter sozusagen in dieser Masche reiste – insgesamt 44 Mal hatte er in unterschiedlichen Städten die Zeche geprellt. Dort, wohin er gebracht wurde, war das Zahlen für Speis und Trank überflüssig – nämlich in der Untersuchungshaft.

Erregung öffentlicher Erregung – Es ging offenbar heiß her in Krefeld am 15. Juni 2015 in der Nähe eines Mehrfamilienhauses an der Bahnstraße, und zwar so gegen 16:30 Uhr, also am helllichten Tag. Der heftige Austausch von Zärtlichkeiten („Es war deutlich mehr als küssen!", so ein Polizist) störte die Anwohner so sehr, dass sie nach den Ordnungskräften riefen. Das Liebespaar (22 ♀ und 26 ♂) war nicht nur erregt und betrunken, die weibliche Hälfte hatte offenbar auch Drogen konsumiert und zeigte zudem eine so intensive und aggressive Abneigung gegen Polizeibeamte, dass sie in Gewahrsam genommen werden musste. Ihr Freund verhielt sich weniger aggressiv und kam mit einem Platzverweis davon. Vielleicht hat er anderswo allein weitergemacht.

Wegen einer **Topfpflanze** und einer **Plexiglasscheibe** sprach ein Mann (nennen wir ihn

Herrn A) im Juni 2014 die Beamten einer Polizeistreife an und erzählte die wunderbar mitmenschliche Geschichte, die ihn in den Besitz dieser Gegenstände gebracht hatte. Herr A hatte auf einem Baumarktparkplatz beobachtet, dass ein anderer Mann (nennen wir ihn Herr B) verzweifelt versuchte, die besagte Pflanze und die Scheibe für den Transport an einem Motorroller zu befestigen – ein aussichtsloses Unterfangen offenbar, das die Hilfsbereitschaft von Herrn A weckte. Er bot dem armen Herrn B also seine Dienste an und wollte die sperrigen Waren mit dem Automobil transportieren. So weit, so erfreulich. Herr A sollte Herrn B auf dem Motorroller folgen, die genaue Adresse hatte Herr B nicht im Kopf, weil die Sachen zu einem Bekannten „in der Nähe des Klinikums" gebracht werden sollten. Doch auf der Kolonnenfahrt verloren sich die beiden Männer – und so wurde Herr A zum Besitzer, wenn auch nicht zum Eigentümer der raumgreifenden Baumarktwaren. Pflanze und Scheibe wurden zum Polizeipräsidium gebracht und dort verwahrt. In der

Suchmitteilung gaben die Ordnungshüter dem rechtmäßigen Eigentümer einen Rat: Er solle „zum Abtransport mit einem geeigneten Fahrzeug erscheinen. Den Transport auf einem Roller können wir aus Verkehrssicherheitsgründen nicht gestatten." Boshafte Zeitgenossen könnten jetzt anmerken, dass sich die Polizei heutzutage offenbar um jeden Scheiß kümmern muss.

Mit Mutti erschien ein Erpresser im Juli 2015 zur Lösegeldübergabe. Er wollte zuerst zehn, später dann 15 Millionen Euro von der Handelskette Rewe erpressen, indem er androhte, Lebensmittel in den Geschäften zu vergiften. Bei einer fingierten Geldübergabe auf einem Rasthof bei Porta Westfalica erschien der aus Sachsen stammende Erpresser mit seiner Mutter im Schlepptau. Sie hatte sich geweigert, ihm ihr Auto zu leihen und war lieber selbst zum Ort der Geldübergabe gefahren. Beide wurden von Spezialkräften der Polizei überwältigt. Das Ergebnis der kriminellen Großtat war eine Haftstrafe von zwei Jahren und sechs Monaten.

Dümmer als die Polizei erlaubt war der folgende Internetkriminelle, der offenbar auf dem gleichen Informationsstand wie die Bundeskanzlerin war: **„Das Internet ist für uns alle Neuland!"** Am 16. November 2016 wurde in Stuttgart-Ost ein 26-Jähriger von der Polizei festgenommen, der über verschiedene Internetplattformen Käufer betrogen hatte. Obwohl sie die angebotene, aber gar nicht existente Ware – einen Spielcomputer – per Vorkasse bezahlt hatten, lieferte ihnen der Betrüger nichts. Allerdings konnte ihm das Handwerk blitzschnell gelegt werden, denn er hatte seine Scheingeschäfte unter seinem echten Namen und mit seiner tatsächlichen Adresse abgeschlossen. Der Schaden belief sich auf etliche Tausend Euro – der Dachschaden des Täters ist vermutlich nicht wirklich zu beziffern.

Ein merkwürdiges Beweisstück blieb im Juni 2015 an einem Tatort in Finnentrop/ Sauerland zurück, das aber eindeutig den „Erfolg" eines Einbrechers belegte – ein handgeschriebener Zettel mit der Aufschrift:

**„Du Idiot!
Die Arbeit hat sich nicht gelohnt!"**

Die Polizei fand ihn neben dem geöffneten Tresor. Der Firmeninhaber hatte ihn vor drei Jahren in den Panzerschrank gelegt, wohl ahnend, dass ihn eines Tages ein krimineller Schränker „erbeuten" würde.

Wegen eines ganz und gar ungewöhnlichen Gefahrenstoffes rückte die Polizei im November 2015 in Pinneberg bei Hamburg aus: In einer Postfiliale rieselte aus einem Briefumschlag ein weißliches Pulver, das bei einigen Mitarbeitern Angst und Schrecken sowie Juckreiz verursachte. Deshalb wurden neben der Polizei auch der Rettungsdienst und ein ABC-Trupp der

Feuerwehr alarmiert, der über eine besondere Ausbildung im Umgang mit Gefahrenstoffen verfügte. Feuerwehrleute näherten sich dem gefährlichen Umschlag mit Atemschutzgeräten und stellten sachkundig fest, dass es sich bei dem weißen Pulver nicht um den vermuteten Milzbranderreger, sondern um selbst gemachten **Vanillezucker** für die Weihnachtsbäckerei handelte, den eine Absenderin an ihre Mutter in Kaltenkirchen verschickt hatte.

Im sauerländischen Frödenberg hatte die Polizei im Dezember 2015 einen ungewöhnlichen Bankraub zu verfolgen. Drei **kriminelle Weihnachtsmänner** drangen an einem Sonntag in den Vorraum einer Bankfiliale ein, bemächtigten sich eines etwa zwei Meter großen Weihnachtsbaums in vollem Ornat und ergriffen damit die Flucht.

Überwachungskameras zeichneten den dreisten Raubzug auf. Ob allerdings draußen ein Schlitten als Fluchtfahrzeug bereitstand, vermochte der Polizeisprecher nicht zu sagen.

Nicht ganz einfach war die Ermittlungsarbeit für die zuständigen Beamten, die am 22. Juni 2015 in Wanne-Eickel mit einem besonderen Hilfsmittel den Dieb eines Tornisters dingfest machen sollten, der einem neunjährigen Jungen gestohlen worden war. Neben den Aussagen des Opfers sollte dabei ein **Phantombild** hilfreich sein, das die sieben-jährige Schwester auf der Polizeiwache zeichnete. Immerhin war zu erkennen, dass es sich bei den Tätern um ein erwachsenes Paar handelte und dass die Frau ein Kleid in Pink trug. Trotz dieser wertvollen Unterstützung bat die Polizei in Herne Erwachsene um Hinweise aus der Bevölkerung.

Auch im nächsten Fall musste die Polizei moderne Technik nutzen, um den Täter zu ermitteln. Die Tatbestände im oberfränkischen Ebensfeld lauteten Anfang Februar 2017 Störung des Religionsfriedens und Hausfriedensbruch. Der Täter hatte sich in der Kirche „Maria Verkündigung" mehrfach als Vandale betätigt. Die Beamten ermittelten zwar gegen Unbekannt, allerdings mithilfe eines DNA-Tests, denn der Vandale hatte seine DNA in hinreichender Menge hinterlassen. Er hatte die Kirche zweimal **als Klo benutzt** und eine seiner unappetitlichen Tretminen sogar in den Beichtstuhl gelegt.

WAS MAN SO ALLES KLAUEN KANN ...

Wertsachen wie Geld, teure Pelze, Juwelen, Mobiltelefone, Tablets und hochwertige Elektronik aller Art werden jeden Tag gestohlen, und Berichte darüber sind eher kalter Kaffee. Selbst der Diebstahl von mobilen Toiletten, Pfandflaschen, Kuhglocken von der Weide, Autokennzeichen von der Stoßstange, Klassenarbeiten aus dem Lehrerzimmer oder einer Tasche samt Hund ist eher alltäglich. Die Beute der folgenden Täter allerdings lässt auch abgebrühte Leser aufhorchen.

1.000 Flaschen Bier öffneten Einbrecher im August 2015 in einem Getränkemarkt in Mülheim an der Ruhr. Andere Quellen sprechen sogar von 1.200 Flaschen. Die Einbrecher waren nicht etwa durstig, sondern hatten es auf die Kronkorken abgesehen. Ein Gewinnspiel versprach demjenigen, der den richtigen Kronkorken fand, eine hochwertige Musikanlage. Etliche der Kronkorken –

allesamt Nieten – ließen die Täter im Getränkemarkt verstreut zurück.

Im August 2014 stellte die Polizei in Kleve einen besonders süßen Dieb: Er muss wohl unterzuckert gewesen sein, denn er hatte **20 Tafeln Milka-Schokolade** entwendet. Übertroffen wurde er noch von einem kriminellen Ehepaar, das im April 2017 in Gelnhausen vor Gericht stand. Neben zehn Packungen Ferrero Rocher und fünf Packungen Käse hatten die beiden **39 Tafeln Milka-Schokolade abgegriffen**. Es ist anzunehmen, dass Milka so etwas wie der BMW unter den Schokoladenmarken ist – die Diebstahlrate ist ähnlich hoch.

Ebenfalls in hypoglykämischer Befindlichkeit war wohl eine Frau, die im November 2014 in Wolfsburg **93 Überraschungseier** entwendet hat. Mitarbeiter hatten die

21-jährige Ladendiebin und ihren Komplizen verdächtig gefunden, als sie mit einem prall gefüllten Rucksack den Laden verlassen wollten. Möglicherweise war der Motor des kriminellen Handelns aber auch nicht der Hunger auf Süßes, sondern der Wunsch, das Plastikspielzeug im Innern der Eier auszupacken.

Womöglich wegen der Folgen von übermäßigem Süßigkeitenkonsum wollte eine 27-jährige Frau aus Düsseldorf am 12.9.2014 **49 Tuben Gebisshaftcreme** aus einem Supermarkt in Herzogenaurach mitgehen lassen. Trotz des einschlägigen Diebesgutes fehlte es der Klägerin auf der Flucht am rechten Biss – sie schaffte es immerhin aus dem Geschäft, wurde aber von der Kassiererin auf dem Parkplatz gestellt. Grund für den Diebstahl war nicht etwa ein schlechter Zahnstatus bei der Täterin selbst – die Tuben sollten für die Oma sein.

Offenbar zu warm war es dem Dieb eines LKW-Aufliegers mit **mehreren Tonnen Speiseeis.** Der Kühlauflieger verschwand quasi über Nacht aus der Sympherstraße am Rande des Duisburger Hafens. Der Tatzeitraum konnte auf den 1. Mai 2014 eingegrenzt werden, denn als der Fahrer den Auflieger am 2. Mai wieder ankuppeln wollte, war keiner mehr da. Das Eis dürfte mittlerweile gelutscht sein.

Ähnlich kalorienreich bedienten sich die Diebe von **fünf Tonnen Nutella** – satte 5.000 Kilo. Diese fette Beute machten sie nämlich im hessischen Niederaula, als sie sich im April 2013 am abgestellten Anhänger eines Lastwagens bedienten. An derselben Stelle waren im März fünf Tonnen Kaffee von einem abgestellten Anhänger verschwunden. So langsam dürften sich die Diebe alles für ein gigantisches Frühstück zusammengeklaut haben.

Eher hinterlistige Gedanken müssen den Dieb im folgenden Fall bewogen haben, im Oktober 2016 in der Marktbreiter Straße in Kitzingen eine **Spenderbox für Hundekottüten** und den zugehörigen Mülleimer mitgehen zu lassen. Wert der Beute: etwa 150 Euro. Wer käme als Täter infrage? Ein Bediensteter des Nachbarortes, in dem das Geld für eigene Hundekottütenspenderboxen fehlt? Man kennt das ja, leere Kassen in den Gemeinden ...

Ebenfalls um Sch..., allerdings um einen ziemlich großen Haufen, ging es bei einem Diebstahl im November 2016 in Jugenheim bei

Mainz: Unbekannte hatten einen kompletten **Misthaufen** von einer Weide geklaut. Wie die Polizei ermittelte, hatten die Täter einen elektrischen Weidezaun durchtrennt, die Weide mit einem Kleintraktor befahren und rund anderthalb Kubikmeter Pferdemist mitgenommen. So ein Mist aber auch.

Es geht nicht kurioser? Irrtum. Der Diebstahl von insgesamt **acht Hektar Wald** wurde der Polizei im Premnitzer Ortsteil Mögelin gemeldet. Einer Waldbesitzerin hatte man wohl zwischen dem 1. Dezember 2015 und dem 7. Februar 2016 einzelne Bäume, auf einem Teil der Fläche auch den kompletten Baumbestand entwendet, zumeist 100 bis 120 Jahre alte Kiefern. Vieles deute darauf hin, so ein Polizeisprecher, dass es sich bei den Dieben um Profis gehandelt habe. Eine Mitteilung, die den Autor dieses Textes in den Zustand tiefschürfender Nachdenklich-

keit versetzt – acht Hektar Wald, Profis …
Amateure … Haben Sie sich schon einmal bei
einem Waldspaziergang entschieden, spontan
acht Hektar Wald mitgehen zu lassen?
Das wäre nämlich ein Amateur-Walddiebstahl.
Oder das Ganze war ein Irrtum – irgendein
depperter Holzfäller-Trupp hat das Flurstück
verwechselt und sozusagen in Nachbars
Garten geerntet. Wer kann das wissen?
Rätsel über Rätsel im Havelland …

Der folgende Dieb war wohl ziemlich hungrig.
Er eignete sich unrechtmäßig einen kompletten
Kühllaster mit einer Ladung von **1,5 Tonnen
Fleisch und Wurst** im Wert von etwa 25.000
Euro an. So geschehen 2011 in Bad Birnbach
(Landkreis Rottal-Inn), wie die Passauer Neue
Presse berichtete. Es war der Mercedes Sprinter
der Metzgerei Wasner, der plötzlich verschwand,
als der Fahrer noch etwas im Büro der Firma

erledigen wollte. Der Motor des Fahrzeugs lief, damit die Kühlkette nicht unterbrochen wurde, die Heckklappen des Kleinlasters standen noch offen. Zunächst lenkte der Dieb wohl etwas ungeschickt, dann wurde er sicherer und fuhr mit beachtlichem Tempo davon. Mitarbeiter der Metzgerei verfolgten ihn, doch das gestohlene Fahrzeug verschwand – Unbilden der Witterung – im dichten Nebel. Zwar legten einige Kisten mit Wurst eine anfängliche Spur, weil sie aus der offenen Heckklappe fielen. Dann verlief sich die Spur der üblen Tat im milchweißen Dunst. Später fand man das noch immer beladene Fahrzeug etwa zehn Kilometer entfernt – vom Fahrer fehlte jede Spur.

Im Juli 2011 hatten Diebe in Stockerau/ Österreich einen Sattelanhänger mit **21 Tonnen Senf und Ketchup** gestohlen, wie Spiegel online berichtete. Hätten die Kriminellen etwas koordinierter gehandelt, wäre es möglicherweise gelungen, ohne große weitere Investitionen ein Currywurst-Imperium aufzubauen.

Ein Brot stahlen die folgenden Diebe, allerdings ein ziemlich prominentes: **Bernd das Brot**, die Figur aus dem Kinderkanal (auch jedem Erwachsenen bekannt, der nachts durch die Kanäle zappt), wurde 2009 vor dem Rathaus in Erfurt gestohlen, wo das depressive Kastenbrot seit 2007 als beliebte Touristenattraktion gestanden hatte. Warum die 125 Kilogramm schwere, knapp zwei Meter große Statue aus Kunststoff entführt wurde, blieb ungeklärt und rätselhaft. Mehrere Gruppen bekannten sich zur Tat, die Medien berichteten ausführlich darüber, aber die tatsächlichen Hintergründe konnten nicht geklärt werden, und Bernd blieb verschwunden. Schließlich entdeckten aufmerksame Jugendliche das unversehrte

Kastenbrot – niemand hatte es angeschnitten oder seine Scheiben getoastet – im Kellergewölbe einer verfallenen Kaserne in Nohra bei Weimar.

Die **Kreditkarte der Hebamme** stahl im Frühjahr 2010 ein sehr junger Vater (17) in Eggenfelden/Landkreis Rottal-Inn, während seine Frau von besagter Hebamme von einem Baby entbunden wurde. Während die Mutter das Kind zur Welt brachte, kümmerte sich der Vater schon mal um dessen finanzielle und häusliche Zukunft, wie das Münchener Abendblatt berichtete. Nachdem der diebische Vater die Geldbörse der Hebamme entwendet hatte, ging er, unterstützt von drei Bekannten, sofort auf Einkaufstour: Lebensmittel, Waschpulver, Kinderkleidung und Spielzeug im Wert von mehreren Tausend Euro belasteten die gestohlene Kreditkarte. Alles in allem war dieser Tag wohl kein besonders guter im jungen Leben des Babys, denn das kriminelle Familienoberhaupt und seine Helfershelfer erwartet eine Verurteilung wegen Diebstahls, Betrugs und Urkundenfälschung.

Einige Nummern größer als eine Kreditkarte war das Diebesgut eines Kroaten, der im November 2010 mithilfe einer Schleierfahndung auf der A3 gestoppt und gefasst werden konnte: Er hatte einen kompletten **Raupenbagger** im Wert von 380.000 Euro auf einer Baustelle in Hessen gestohlen, wie das Main-Echo berichtete. Dagegen war der im November 2016 in Umpferstedt (Weimarer Land) gestohlene Bagger vom Typ „Caterpillar M315" trotz eines Gewichts von 15 Tonnen und eines Wertes von 30.000 Euro nur Kleinkram.

Aus rätselhaften Gründen wurden nach einer Meldung des Berliner Kuriers im Juli 2011 insgesamt **22 Klotüren** an den Autobahnraststätten der A12 in Brandenburg gestohlen.

Unter Druck stehende Gäste mussten auf Miettoiletten ausweichen, die Klotüren – allesamt Spezialanfertigungen – mussten beim Hersteller nachgeordert werden. Die Polizei vermutet, dass es sich um Metalldiebstahl handelt. Allerdings sind die Türen nur außen mit Edelstahl beschichtet, die Schrottwert ist daher ausgesprochen gering.

Apropos Toilette: Es kommt sogar vor, dass **Baustellentoiletten** im gut gefüllten Zustand gestohlen werden. Das glauben Sie nicht? Lesen Sie in der Lokalpresse nach: im Juni 2006 in der Niederlausitz oder im April 2016 in Birkholz. Häufiger jedoch brennen Dixi-Klos ohne erkennbaren Grund ab, explodieren oder werden umgeworfen.

Um den Schrottwert ging es wohl auch den Dieben von **400 leeren Bierfässern** – Durst kann nicht ihr Motiv gewesen sein, denn die Fässer waren definitiv leer. Die Behälter aus Aluminium wurden im Mai 2012 aus einer Brauerei in München entwendet. Wert der Beute: mehrere Tausend Euro.

Mehrere Kilometer Bahngleise der stillgelegten Strecke von Niederwalgern nach Herborn verschwanden im Februar 2006 quasi über Nacht – eine Firma hat sie ohne Kenntnis von offiziellen Stellen oder der Deutschen Bahn demontiert und auf den Schrott gebracht. Beute: etwa 200.000 Euro. Der Diebstahl wäre nicht weiter aufgefallen – wer braucht schon eine stillgelegte Bahnstrecke? –, hätten nicht ein wachsamer Bürger und später die Polizei für die öffentliche Ordnung gesorgt.

Ob es wohl einen Markt für das folgende Diebesgut gibt? In Münster (Landkreis Darmstadt-Dieburg) stahlen Diebe von einem Lagerplatz ein **Zirkuszelt für 600 Personen** mit allem Zubehör – im Wert von etwa 250.000 Euro. Die Ermittlungsarbeit der Polizei dürfte sich schwierig gestalten, denn ein Beamter müsste als Undercover-Zirkusdirektor auftreten und in der einschlägigen Szene (Manegen-Mafia?) nachfragen, wo er denn günstig an ein Zirkuszelt kommen könne.

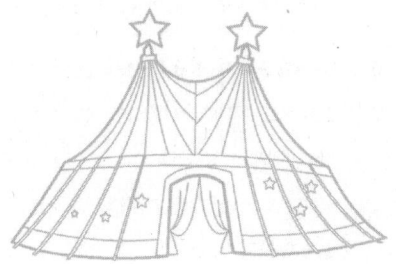

DIE POLIZEI UND DAS LIEBE VIEH

Man könnte denken, dass die Polizei mit Verkehrssündern, Dieben und sonstigen Kriminellen hinreichend beschäftigt wäre – doch offenbar haben sich große Teile der Fauna dazu verschworen, unseren Freunden und Helfern zusätzlich das Leben schwer zu machen. Es gibt kaum eine Tierart, die noch nicht Gegenstand eines Polizeiberichts war. Schwanenfamilien müssen zum nächsten Baggersee begleitet, Zuchtbullen vom Züchten abgehalten und wieder eingefangen, Leguane von Bäumen geholt und Fledermäuse aus Baumärkten entfernt werden. Hier einige weitere animalische Abenteuer, welche die Beamten nicht unbedingt zu ihrem Vergnügen während der Dienstzeit beschäftigten:

Im November 2014 musste die Polizei in der Römerstraße in Kleve ein junges **Känguru** einfangen. Leider konnte dessen ursprünglicher Halter nicht ermittelt werden. Zahlreiche Bürger der Stadt boten sich an, das Beuteltier unbekannter Herkunft in Pflege zu nehmen. Doch weil es ihnen vermutlich an Känguru-Kompetenz mangelte, wurde das Tier in den örtlichen Zoo gebracht.

Betrunkene Menschen in die Schranken zu weisen, gehört zum Standardrepertoire einer jeden Streifenwagenbesatzung. Im niedersächsischen Hannoversch Münden musste die Polizei am 17. Juni 2015 gegen ein anderes alkoholisiertes Lebewesen vorgehen: einen **Waschbären**. Anrufer hatten zunächst vermutet, dass das Tier verletzt sein könnte, weil es sich merkwürdig torkelnd fortbewegte. Doch der kleine Bär war kerngesund, nur eben sternhagelvoll. Vermutlich hatte er vergorene Lebensmittel aus einer Mülltonne gefressen. Kein Grund für die Beamten, das

Tier einer Alkoholkontrolle zu unterziehen oder es in Gewahrsam zu nehmen. Sie ließen es einfach laufen. Wenig später kam dann der zweite Anruf: Diesmal fanden die Polizisten den Waschbären in einem Gebüsch in narkosegleichem Tiefschlaf. Wieder kein Grund für staatliche Maßnahmen – sie ließen das Tier seinen Rausch ausschlafen.

Über einen besonders zu Herzen gehenden Fall von Entführung berichtete die Polizei in Schleswig-Holstein am 18. Februar 2015. Gemeine Diebe hätten in Itzehoe die Opfer – neun **Meerschweinchen**, drei Weibchen und sechs Männchen – „ihrer häuslichen Umgebung entrissen und einfach mitgenommen." Die Tiere waren aus einem Freiluftgehege verschwunden. Bei der Bewertung der Straftat, so die mitfühlenden Beamten, stünde nicht der materielle Wert der Tiere im Vordergrund, sondern die Bedeutung, welche diese für ihre Besitzer gehabt hätten.

Besonders fürsorglich wollte ein Autofahrer aus dem Schwalm-Eder-Kreis in der Nähe von Neustadt am 20. Juli 2016 einen Wildunfall verhindern. Als er auf der Kreisstraße 15 von Momberg nach Speckswinkel (diese Ortsnamen einfach auf der Zunge zergehen lassen ...) am helllichten Tag gegen 14:25 Uhr ein **Reh** am Straßenrand stehen sah, reagierte er rechtzeitig und brachte seinen schweren Mercedes-Geländewagen direkt neben dem Tier zum Stehen. Dann schien für einen Augenblick die Zeit stillzustehen – nichts geschah. Eigentlich wäre das eine wunderbare Geschichte für ein Quiz unter dem Titel „Was geschieht als Nächstes?". Und, was meinen Sie, was als Nächstes geschah? Das Reh wandte sich langsam zu dem Autofahrer um, sah ihn aus sanften braunen Augen dankbar an und verschwand dann elegant im Walde – denkste!

Das Tier – man könnte auch sagen das Mistvieh – sprang dem Autofahrer auf die Motorhaube, zerkratzte ihm gründlich den Lack und machte sich dann aus dem Staub, ohne seine Versicherungsdaten zu hinterlassen. Schaden: 2.000 Euro. Es könnte sein, dass der Herr beim nächsten Mal aufs Gas tritt.

Ebenfalls durch ein Tier kam der Besitzer eines Supersportwagens am 15. September 2016 zu Schaden, wie die Süddeutsche Zeitung berichtete: Ein **Esel** bearbeitete in der Kleinstadt Schlitz/Hessen Carbonteile des sündhaft teuren McLaren (ca. 300.000 Euro) mit seinem kräftigen Gebiss und verursachte einen Schaden von rund 40.000 Euro. Aus Polizeikreisen verlautete, dass die Farbe des Fahrzeugs den Esel möglicherweise an eine Möhre erinnert haben könnte. Zum Glück war der Besitzer des Tieres versichert.

Unter starkem Stress ist unsere Wahrnehmung gestört. Nur so kann man sich erklären, warum eine Frau am 7. Mai 2015 in Darmstadt einen ganz gewöhnlichen und nicht einmal sonderlich großen **Regenwurm** für eine Schlange hielt – und die Polizei alarmierte. Die Streifenwagenbesatzung fischte den sechs Zentimeter langen Wurm aus dem Salat, der im Waschbecken gewaschen werden sollte, und schenkte dem unschuldigen Tier die Freiheit. Darüber, wie dies geschah und ob die Beamten zu diesem bedeutenden Anlass eine kleine zeremonielle Feier abhielten, schweigt das Protokoll.

Eine polizeiliche Maßnahme verscheuchte am 10. Juli 2013 eine **Entenmutter** an der Bundesstraße 29 bei Schorndorf (Rems-Murr-Kreis). Dabei handelte es sich wohl um ein äußerst sensibles Tier, denn die Beamten gehörten zu einer Zivilstreife und trugen nicht einmal Uniform. Sie hatten versucht, die kleine Familie von der Straße weg hinter die Leitplanke zu bugsieren, wobei die Mutter in Panik geriet und ihre Küken zurückließ. Einer der Beamten nahm das Junggeflügel unter seine Fittiche und fand eine geeignete Unterbringung.

Weniger gut dürfte es dem folgenden Geflügel ergangen sein, und auch die Polizei konnte das Federvieh nicht retten: In Hösacker im bayerischen Landkreis Landshut stahlen unbekannte Diebe im August 2011 drei **Laufenten**, wie die Passauer Neue Presse berichtete. Außerdem nahmen sie noch **20 Eier** mit. Ob es sich bei den Tätern um begeisterte Entenzüchter oder schlichtweg um hungrige Zeitgenossen gehandelt hat, konnte nicht herausgefunden werden. Immerhin erhielten die Enten und ihr ungeborener Nachwuchs einen Nachruf im Polizeibericht und eine kleine Meldung in der örtlichen

Zeitung. Vielleicht hätte eine Online-Fahndung bei der Dingfestmachung (!) der Täter helfen können: Wer hat im fraglichen Zeitraum bei www.chefkoch.de nach Rezepten für Laufentenbraten gesucht?

Ebenfalls vielfachen Diebstahl musste die Polizei im Falle eines Geflügelzüchters aus Wusterhausen/Ostprignitz-Ruppin Anfang Dezember 2015 verfolgen. **43 Enten** verschwanden über Nacht. Ob es Tierliebhaber waren, die sie entwendeten, ist fraglich. Vermutlich verarbeiteten die Diebe sie zu Weihnachtsbraten. Ein Jahr zuvor waren demselben Züchter **90 Enten** und **15 Kaninchen** abhandengekommen. Es ist anzunehmen, dass es in dieser ländlichen Region quasi zu den alltäglichen Aufgaben der örtlichen Polizei gehört, ständig nach irgendwelchen Tierchen zu fahnden.

Unerwünschten Besuch auf ihrem Balkon befürchtete eine 28-jährige Bewohnerin in Braunschweig am 23. Juli 2013: Von dort kam ein lautes Schnarchen, wie sie meinte. Die herbeigerufene Polizei machte die Quelle der Geräusche schnell aus: In einem Lüftungsschacht an einem Nebengebäude hatten sich zwei **Eulen** angesiedelt, deren Laute menschlichem Schnarchen ziemlich nahekamen. Vermutlich handelte es sich dabei um Schleiereulen, die früher auch den Namen **Schnarcheulen** trugen.

Ein **Pfau** rückt der Polizei nur selten auf die Pelle, aber genau das geschah in Recklinghausen am 11. Juli 2013 im Eingangsbereich des Bundespolizeireviers, Große-Perdekamp-Str. 2. Das Tier war zunächst durch die Straße stolziert, hatte sich dann aber zur Annäherung an die Ordnungskräfte entschlossen. Mit einem Butterbrot wurde der Pfau in die Dienststelle gelockt, der Ring am Fuß des Hühnervogels wies ihn als aus dem örtlichen Tierpark entsprungen aus. Dorthin wurde er von der Feuerwehr zurückgebracht.

Als Taxifahrer für eine **Taube** betätigte sich eine Streifenwagenbesatzung in der Iserlohner Innenstadt am 11.7.2013. Das Tier war zunächst mit lautem Knall gegen den Streifenwagen geflogen und vor dem Wagen auf die Straße gestürzt. Es kam aber wieder auf die Füße und schien – so ergab es wohl eine kurze Untersuchung im Streifenwagen – keinen nennenswerten Schaden genommen zu haben. Kurz nach diesem ornithologischen Unfall war die Aufmerksamkeit der Beamten jedoch anderen Ortes gefragt – sie wurden zu einem

Einsatz an der Callerbach-Talsperre gerufen. Dort stellten sie voller Erstaunen fest, dass die unfallgeschädigte Taube von der Innenstadt zum Einsatzort mitgefahren war – etwa 3,5 Kilometer. Offenbar erholt, erhob sie sich nach kurzer Zeit in die Luft und flog davon.

Mit einem animalischen Serientäter musste sich die Polizei in Lübbecke auseinander- setzen. Ein **Kamerunschaf**-Bock machte im Juli 2013 über mehrere Tage die Gegend unsicher, besonders die Bundesstraße 239. Dabei lief das Tier hin und wieder auch auf die viel befahrene Straße – mehrfach wurde die Polizei gerufen. Die allerdings konnte nicht helfen, denn der Bock war zu flink. Schließlich gelang es, das Tier in einem Hinterhof festzusetzen. Frontal attackiert, mussten die Beamten den Bock niederringen und mit Kabelbindern und einem Seil fesseln. Er wurde unverletzt zurück in die Gefangenschaft befördert.

Ebenfalls als ziemlich schwieriger Kunde erwies sich ein männliches **Schaf** im Juni 2016 in der Innenstadt von Stendal. Nach einer atemberaubenden Verfolgungsjagd über einen Kilometer konnte der flüchtige Bock mit Unterstützung aus der Bevölkerung und mit Hundeleinen dingfest gemacht werden.

Ländliche Polizeibeamte wissen Bescheid: Eine **Kuh** gehört in den Stall oder auf die Wiese, keinesfalls aber in einen Swimmingpool. Das sah eine Kuh in Buchholz/ Westerwald anders. Offenbar um ihr Samstagsbad zu nehmen, wählte sie im Juli 2013 ein Schwimmbecken in einem Garten. Hinein kam das Milchvieh relativ mühelos, nur nicht wieder heraus. Polizei und Feuerwehr mussten helfen. „Unverletzt, jedoch blitzsauber wurde sie von der Feuerwehr aus der misslichen Lage gerettet", so stand es nachher im Polizeibericht.

Gleich **80 Kühe** riefen in Seevetal (Landkreis Harburg) die Polizei auf den Plan. Die Tiere waren aus einem Stall ausgebrochen und hatten sich auf Wanderschaft begeben. Sie erreichten den über sieben Kilometer entfernten Hamburger Stadtteil Sinstorf, wurden dann jedoch von den zuständigen Cowboys des Polizeikommissariats Seevetal eingefangen und in ihren Stall zurückgebracht.

Ganz ähnlich war die Ausgangssituation im Juli 2013 in Ebhausen (Kreis Calw/Schwarzwald): Eine **Rinderherde** hatte sich aus ihrem mobilen Pferch befreit. Nur wollten diese Rindviecher nicht wandern, sondern offenbar lieber tanken. Sie versammelten sich an einer Tankstelle an der nach Nagold führenden

B 28. Das jedoch wurde ihnen verwehrt, eine Polizeistreife baute mit Absperrband einen provisorischen Kuhstall, wo das liebe Vieh bis zur Ankunft des Besitzers mit einem Viehtransporter sicher untergebracht war. Die Polizei hatte auch ein Auge darauf, dass der Halter der Tiere den grünlich-glitschigen Straßenbelag entfernen ließ.

Herdentiere exotischer Art beschäftigten die Polizei in München im März 2014. Dort hatte eine Anwohnerin auf einem Parkplatz eine aus sieben Tieren bestehende **Kamelherde** entdeckt, die dort friedlich graste. Und weil zwar manchmal Hornochsen, aber nach Einschätzung der Anwohnerin im Allgemeinen keine Kamele zur bajuwarischen Standardfauna gehören, hatte sie die Polizei zu Hilfe gerufen. Richtig: Die Tiere stammten aus einem Zirkus und wurden mithilfe von sechs Beamten und einigen Zirkusleuten dorthin zurücktransportiert.

Ähnlich exotisch ging es im Frankenlande zu: Ein ziemlich kleiner **Königspython** in einer Mülltonne rief im Sommer 2013 in Nürnberg die Polizei auf den Plan. Der 35-jährige Pächter einer Autowaschanlage hatte ihn in einer Tonne mit Putzlappen entdeckt und Alarm geschlagen. Wozu allerdings wirklich kein Grund bestand, denn der Python war nur 1,30 Meter lang und außerdem ungiftig, er ist nämlich eine Würgeschlange. In den Dimensionen, wie der Python in Nürnberg angetroffen wurde, muss man ihn auch nicht unbedingt als Riesenschlange bezeichnen. Polizei und Feuerwehr gingen aber auf Nummer sicher und holten das Ungetüm mit einem Greifarm aus der Tonne. Der Besitzer konnte nicht ermittelt werden, also wurde „die Riesenschlange" im Tierheim abgegeben.

Deutlich größer und gefährlicher war das Lebewesen, mit dem sich Polizeibeamte im Friedberger Ortsteil Ockstadt im Juni 2016 zu befassen hatten: ein nicht ganz ausgewachsener, aber doch recht stattlicher **Alligator**, 1,80 Meter lang und etwa 50 Kilogramm schwer. Ein Passant sah sich unvermittelt diesem Tier gegenüber und alarmierte die Ordnungskräfte. Die fanden heraus, dass das Reptil von einer nahe gelegenen Farm ausgebrochen war. Wildschweine hatten Fluchthilfe geleistet, indem sie ein Loch unter dem Zaun des Geheges gegraben hatten, durch das die Panzerechse entkommen konnte.

Weniger spektakulär wirkte der Ausflug eines gewöhnlichen **Hausschweins** in Göttingen, Maskottchen einer Studentenverbindung.

Das Tier unternahm im Sommer 2013 einen Spaziergang über eine Landstraße, was mehrere Passanten und Verkehrsteilnehmer doch irritierte. Die Polizei verwendete einen Hosengürtel als Leine und brachte das Tier zurück in den heimischen Schweinestall.

In einem anderen Fall wurde ein Schwein bei der Polizei angeliefert: In Dillingen brachte im Januar 2016 ein Autofahrer ein ausgewachsenes **Hängebauchschwein** zur Polizeiwache. Er hatte es irgendwo auf der B 269 bei Nalbach aufgelesen und im Kofferraum zur Polizeiwache transportiert.

In Saarbrücken-Malstatt geriet im April 2014 ein **Igel** in eine äußerst prekäre Lage, was an sich erst einmal keinen Grund für einen Polizeieinsatz darstellt. Doch dieses Stacheltier lief quasi kopflos durch die Gegend und behinderte den Straßenverkehr, denn sein Kopf steckte in einem leeren Puddingbecher – Schokoladenpudding mit Sahne – und das auch noch mitten in der Nacht und ohne vorschriftsmäßige Beleuchtung. Igel mit dem Kopf in einem Plastikbecher sind nur sehr selten vorschriftsmäßig beleuchtet. Eigentlich nie. Irritierte, aber zum Glück tierliebe Autofahrer alarmierten die Polizei, die das Tier von seiner seltsamen Kopfbedeckung befreite und in einer Grünanlage aussetzte.

Wegen gefährlichen Eingriffs in den Straßenverkehr gemäß §315b StGB hätte der folgende Straftäter verurteilt werden können, wäre er nicht ein **Biber** gewesen. Das Nagetier mit den eisenharten Zähnen hatte nämlich im November 2016 an einer Landstraße im Kreis Waldshut/Baden-Württemberg einen Baum gefällt, wobei besagter Baum unglücklicherweise am Straßenrand stand. Er stürzte auf das Auto eines 56-jährigen Mannes, wobei das Auto schwer beschädigt wurde, der Mann aber unverletzt blieb. Bevor die Feuerwehr das Hindernis von der Straße räumen konnte, übersah noch eine 22-jährige Autofahrerin das Hindernis und fuhr hinein. Der Biber wurde vermutlich – nun auch noch wegen Unfallflucht – zur Fahndung ausgeschrieben.

Die Bundespolizei hatte im Saarland bei einem Sondereinsatz die schöne Aufgabe, **23 Kaninchen** einzufangen. Mitte Februar 2017 steckte deren Besitzer nämlich in einer misslichen Lage: Er befand sich wegen mutmaßlicher Körperverletzung und Sachbeschädigung in Untersuchungshaft, und die Richterin, die ihn dorthin gebracht hatte, hatte die Polizei um Hilfe gebeten, um die Kaninchen vor dem sicheren Tod durch ausbleibende Versorgung zu bewahren. Die Bundespolizeiinspektion Bexbach rückte aus, um insgesamt 33 Kanin-

chen zu versorgen – zehn davon waren in Saarbrücken, weitere 23 in Homburg-Einöd (!)
untergebracht. Diese 23 einzufangen, so der
Polizeibericht, sei ausgesprochen „schweiß-
treibend" gewesen. Alle Hoppelhäschen – die
aus Saarbrücken und die aus Homburg-Einöd –
fanden ein neues Zuhause in Tierheimen.

In großer Not war wohl der **Hund**, den am
10. Mai 2015 eine Frau in Mechernich (Kreis
Euskirchen) aus einem Altkleidercontainer
bellen hörte. Offenbar hatte hier jemand ein
unerwünschtes Haustier entsorgt. Die
fürsorgliche Frau alarmierte die Polizei, die
auch noch die Feuerwehr an den Ort des
Geschehens zitierte – ein Löschzug mit
19 Männern rückte in kürzester Zeit an. Mit
der gebündelten Macht der Ordnungskräfte
und mit Unterstützung schweren Geräts
öffnete man den Container und befreite nicht

etwa einen freudig mit dem Schwanz wedelnden, aber ansonsten unverletzten Welpen, sondern einen batteriebetriebenen Spielzeughund in technisch gutem Zustand. Die Feuerwehr adoptierte ihn als Maskottchen. Die Kosten der Aktion trägt die Gemeinde, weil die Frau die Rettungsaktion in gutem Glauben veranlasst hatte.

Auch nicht ganz echt war der **Pinguin**, den die Polizei am 5.Februar 2017 in München einzufangen hatte. Der trieb nämlich sein Unwesen in einem Münchener Kaufhaus. Ein 34-jähriger Ladendieb hatte sich ein Pinguinkostüm aus einem Regal genommen, dieses angezogen und so „verkleidet" das große kostenlose Abgreifen in Angriff genommen. Zwei Ladendetektive beobachteten ihn dabei, sodass er nicht im Zoo, sondern auf der nächsten Polizeiwache landete.

Als Helfer der Polizei betätigten sich im März 2016 einige **Katzen** in Stendal. Sie lösten einen Feueralarm aus. Als Polizei und Rettungskräfte anrückten, fanden sie zunächst einen brennenden Pappkarton, den der Mieter der Wohnung offenbar auf dem Herd stehen gelassen hatte. So unglaublich es klingt: Man nahm vonseiten der Ordnungskräfte an, dass die Katzen den Drehknopf des Herdes betätigt und ihn somit eingeschaltet hatten. Peinlich für den Halter der Stubentiger wurde es, als die Polizei Drogen und verbotene Waffen in der Wohnung entdeckte – was die Frage aufwirft, ob die Katzen ihr Herrchen verpfeifen wollten.

SEX-GANGSTER?

Man packt seine Mitmenschen allzu gern in Schubladen, aber manchmal ist etwas so, wie es auf den ersten Blick scheint: Die folgenden „Perversen" sind keineswegs immer auf sexuellen Abwegen, manche sind überhaupt nicht erotisch motiviert. Eher gewinnt man den Eindruck, dass sie charakterlich irgendwo zwischen Volltrottel und mutigem Helden einzuordnen sind.

Einen **Exhibitionisten** besonderer Art – nämlich wider Willen – musste die Polizei in Höchenschwand (Baden-Württemberg) im März 2014 versorgen. Der ziemlich angetrunkene, splitterfasernackte Hotelgast erwischte nach einem Besuch auf der Toilette die falsche Tür, nämlich den Notausgang, wie die Polizei berichtete. Diese Tür führte ins Freie und war natürlich von außen nicht zu öffnen. Als auf seine Hilferufe niemand im Hotel reagierte, lief der nackte Mann los und suchte sich eine Telefonzelle, die er nach ein paar Hundert Meter tatsächlich erreichte. Er konnte die Polizei alarmieren und sich später in einem Streifenwagen aufwärmen. Mithilfe der Polizei verschaffte er sich wieder Zutritt zu seinem Hotelzimmer – mit Blaulicht und lautem Hupen.

Halb nackt in der Öffentlichkeit zeigte sich ein Straftäter im Januar 2016 in Magdeburg, der gemeinsam mit einem Komplizen in einem Geschäft Kosmetika stehlen wollte. Der Ladendetektiv machte seinen Job, und als die Täter flüchteten, verfolgte sie der Detektiv und versuchte, einen von ihnen an der Jacke festzuhalten. Doch der Dieb ließ das Kleidungsstück zurück und wollte seine Flucht fortsetzen. Der Detektiv griff ein zweites Mal zu und erwischte den Täter nun am Hemd – das dieser ebenfalls von sich warf. So konnte er mit nacktem Oberkörper entkommen. Vermutlich hat er sich anschließend in einem Textilgeschäft neue Klamotten zusammengeklaut.

Ebenfalls kein Fall von vorsätzlichem **Exhibitionismus** lag der Polizei in Ludwigshafen vor, als im Juni 2015 ein 44-jähriger Ludwigshafener nackt durch die Straßen rannte. Er war gegen 2:50 Uhr von einem Alarmton geweckt worden, den kein Autobesitzer gern hört: Ein Dieb war offenbar in seinen Porsche-Geländewagen eingedrungen. Splitterfasernackt – ein überzeugter Nacktschläfer – stürzte der Mann aus dem Haus, um keine Zeit zu verlieren. Er erwischte einen Jugendlichen auf frischer Tat: Er hatte die Heckscheibe des Autos eingeschlagen und suchte nun im Innenraum des Fahrzeugs nach Wertsachen. Als der Täter mit zwei Koffern und einen Notebook floh, verfolgte ihn der Nackte durch das Wohngebiet, und es gelang ihm tatsächlich, den Flüchtigen zu überwältigen, obwohl sich dieser heftig wehrte. Der am Ort des Geschehens eintreffenden Polizei wurde der Täter zum Verbrechen direkt geliefert, die Beamten sahen sich aber auch vor nackte Tatsachen gestellt.

Einen splitterfasernackten 25-jährigen Mann musste die Polizei in Geislingen bei Stuttgart im Januar 2012 um 3:00 Uhr nachts in einem Garten einfangen. Nein, er sei **kein Exhibitionist**, erläuterte er seinen Zustand – bis auf die Turnschuhe unbekleidet, und das bei Temperaturen um den Gefrierpunkt, – er übe nur für das Nacktbaden. Der FKK-Fan war ein alter Bekannter: Bereits im Dezember 2011 war er in einer ähnlichen Lage aufgegriffen worden, damals immerhin noch mit einem Oberteil bekleidet. Offenbar war er durch seine Übungen immer besser geworden ...

Eine gute Portion echter Exhibitionismus war bei einem 25-jährigen Mann im österreichischen Villach im Spiel, der im Januar 2017 nackt und sturzbetrunken auf seinem Fahrrad durch die Ortschaft fuhr und damit erotische Pluspunkte sammeln wollte. Bei einer Temperatur von -12°C dürfte schwere **Eiszapfen-Gefahr** bestanden haben. Der Nackte hatte sich zunächst in einer Tiefgarage entkleidet und dort Textilien und Schuhe abgelegt. Außerdem betätigte er einen Feuermelder. Dann verließ er die Garage auf dem Fahrrad, drehte einige Runden vor dem Hotel Holiday Inn, in dem er beschäftigt war, denn hier befand sich der Grund für sein Handeln, eine Arbeitskollegin, die Nachtportierin, der er mit seiner eiskalten Aktion imponieren wollte. Unterdessen traf die Feuerwehr ein. Beim Versuch, durch die Drehtür in das Hotel zu fahren, blieb er kläglich stecken. Er flüchtete zu Fuß in die

Innenstadt, wo ihn die Polizei – noch immer im Adamskostüm – in einer Nachtbar dingfest machte und zur Wache mitnahm. Seine Mutter wurde herbeigerufen und brachte Kleidung mit. Es erwartete ihn eine Anzeige wegen Anstandsverletzung, Missbrauch von Notzeichen und einer Reihe weiterer Schandtaten.

Nichts als **Sex im Kopf** hatte auch ein 38-jähriger „Täter" in Völklingen im April 2016, der an einem Samstagmorgen mit seinem Peugeot auf dem Weg ins Bordell von der Polizei gestoppt wurde. Es fehlte ihm an zwei entscheidenden Dingen: zum einen an Kleidung, denn er saß hinter dem Steuer, wie Gott ihn erschaffen hatte. Offenbar wollte er am Ziel seiner Reise möglichst schnell zur Tat schreiten. Zum anderen mangelte es ihm an einem Führerschein, denn er besaß keinen. Das hatte unangenehme Folgen: Er musste seine Kleider wieder anziehen und zu Fuß weiter. Ob er im Freudenhaus ankam, steht nicht im Polizeibericht.

Um einen Fall von Betrug ging es in Aachen im September 2008: Ein Kunde einer Prostituierten rief die Polizei zur Hilfe, weil die Dame seiner Meinung nach nicht die vereinbarten Leistungen erbracht hatte – ein Fall von **Erotik-Betrug**? Die Neue Kronen Zeitung aus Wien berichtete darüber in hervorragendem Polizeideutsch: „Auf der einen Seite ein Freier, der sich im Aachener Sträßchen hinsichtlich flotter Liebe bedienen lassen wollte. Auf der anderen die Prostituierte, die sich des Kunden annahm. Einsatz waren 30 Euro für einen 20-minütigen Einsatz. Die Gebühr wurde vor Beginn der Maßnahmen erhoben. Jedoch vergaß man, eine Zielvereinbarung zu formulieren. Und so kam es, dass die Kundenbetreuerin mit dem Schellen der Eieruhr fortan die Arbeiten am Kunden einstellte – ohne das vom Gast erwünschte Ziel zu erreichen. Beim Kunden stieg der Unmut, zumal er vortrug, die Uhr habe bereits nach zehn Minuten geschellt (...) Die Fronten blieben verhärtet." Zumindest aufseiten des Freiers.

Im Juni 2012 sahen sich Beamte der Bundespolizei der vollen Wirkung menschlicher Leidenschaft und vermutlich auch nackten Tatsachen ausgesetzt: Ein Paar vollzog auf dem Bahnsteig am Berliner Ostbahnhof in aller Öffentlichkeit den **Liebesakt**. Eine 18-jährige Deutsche und ihr gleichaltriger Freund, ein Kolumbianer, hatten bereits auf der Treppe zum Bahnsteig ihre ersten Kleidungsstücke von sich geworfen – bei voller Videoüberwachung – und waren dann zur Tat geschritten, obwohl der Bahnsteig, auf dem sie sich befanden, wie auch der gegenüberliegende von zahlreichen Reisenden besucht wurde. Die

Bundespolizisten mussten mit Nachdruck (vielleicht so: „Jetzt hörts aber mal auf, ihr Saubärn!") einschreiten, um das Paar zur Unterbrechung seiner rauschhaften Tätigkeit zu überreden. Sie erwartete eine Anzeige wegen Erregung öffentlichen Ärgernisses.

Zur Strecke brachte die Polizei in Bonn einen 28-jährigen **Schuhfetischisten**, der am 17. Februar 2010 mit vier Jahren und neun Monaten Haft für seine schändlichen Taten bestraft wurde. Der psychisch gestörte Mann hatte Überfälle mit einer besonders hinterhältigen Technik begangen: Er lauerte seinen weiblichen Opfern auf, ergriff von hinten ein Bein und stahl den daran befindlichen Schuh, wie der Kölner Express berichtete. Manchmal erbeutete er auch das komplette Paar. Meist suchte er seine Opfer an U-Bahnstationen in Bonn oder am Flughafen Köln/Bonn. Zusätzlich zur Strafe wurde der Stöckelschuh-Dieb, der natürlich auch für das Schockerlebnis und die Sturzverletzungen seiner Opfer verantwortlich war, als gemeingefährlich in einer psychiatrischen Klinik untergebracht.

Ebenfalls einen Hang zu öffentlichen Orten verspürte ein 54-jähriger Exhibitionist in Stuttgart, der im Dezember 2016 seinen Obsessionen ausgerechnet in einer Fotokabine auf dem Hauptbahnhof Mitte nachging, wie die Stuttgarter Nachrichten berichteten. Ob er dabei aber zum ersten **Selfie-Exhibitionisten** wurde, ist aus dem Zeitungsartikel und aus dem Polizeibericht nicht präzise zu entnehmen, wohl aber, dass er bewusst den Kontakt mit Passanten gesucht habe.

Das ideale **Versteck für einen Exhibitionisten** ist die Sauna, denn da sind ohnehin alle Anwesenden nackt. Entsprechend schwierig gestaltete sich die Suche nach einem Täter, dessen Aktivitäten in Landshut die Polizei im Juli 2015 auf den Plan rief – könnte man meinen. Doch nicht der kriminalistische Scharfsinn führte zur Überführung des Straftäters. Vielmehr kennzeichneten den Gesuchten bestimmte herausragende Eigenschaften – und die Tatsache, dass er auch noch daran herummanipulierte. Der Bademeister des Dampfbades hatte die Ordnungshüter um Hilfe gebeten, weil ein 42-jähriger Gast Hand an sich legte. Dieser räumte die Tat ein – Zeugen hatten ihn bis zum Eintreffen der Polizei festgehalten –, und damit war eigentlich alles klar. Doch nun wird es rätselhaft: Dennoch suchte man von offizieller Stelle nach weiteren Zeugen der Tat. Vielleicht, um sich gemeinsam zu entrüsten?

DIE BESTEN AUSREDEN

Es gibt viele Gründe, kriminell zu werden oder mit den Behörden in Konflikt zu geraten – oft genügt schon eine kleine Ordnungswidrigkeit. Einmal erwischt, steht der Täter vor der Herausforderung, sich aus der unangenehmen Situation herauszureden oder seine Tat durch höhere Beweggründe zu legitimieren. Schwarzfahrer zum Beispiel sind sehr einfallsreich, wenn sie von Kontrolleuren erwischt werden. Notlügen wie „Mein Hund hat die Fahrkarte gefressen!" oder „Mein Fahrschein ist bei einem Windstoß aus dem Fenster geflogen!" werden nahezu täglich genutzt. Aber auch im Tätigkeitsbereich der Polizeibeamten brüten verbrecherische Gehirne bemerkenswerte Scheingründe aus, um sich reinzuwaschen. Was sich die Täter – vom kleinsten Tunichtgut über den Gelegenheitsgauner bis zum echten Schwerverbrecher – alles einfallen lassen, um sich und ihre Taten ins rechte Licht zu rücken und einer Bestrafung zu entgehen, ist schon haarsträubend:

Der folgende Straftäter berief sich im November 2014 in Bamberg gegenüber der Polizei auf eine Art **Gewohnheitsrecht**: „Seit zwölf Jahren fahre ich hier bei Rotlicht über die Ampel. Sie sind der Erste, der mich anhält!"

§

Recht kreativ begründete ein 21-jähriger Raser im Juni 2015 in Mönchengladbach seine Fahrt mit 160 Kilometern pro Stunde durch die Innenstadt (Tempolimit: 50): Er hatte seinen Wagen gerade gewaschen und wollte ihn nun „trockenfahren" – der **Fahrtwind als Föhn** sozusagen. Und wenn so ein Pkw schnell trocken werden soll, sind 160 Kilometer pro Stunde schon nötig, wenn nicht sogar mehr. Als rentabel erwies sich das Verfahren des jungen Mannes allerdings nicht: 480 Euro Strafe, zwei Punkte in der Verkehrssünderdatei und drei Monate Fahrverbot. Zeit genug für das Auto, um richtig zu trocknen.

Auch andere Autofahrer schöpfen kräftig aus dem Fundus abwegiger Fantasie. Wie begründet man einen Schaden, den die Teilkaskoversicherung (nur zuständig für Haarwild) ersetzen soll? Zum Beispiel so: „Meine Windschutzscheibe ging kaputt, als ein gefrorenes **Eichhörnchen** vom Baum fiel!" Warum knallte der Pkw ungebremst in den vorausfahrenden Lkw? „Ich hatte eine **Torte** auf dem Beifahrersitz und konnte nicht bremsen!" Oder: „Eine **Wespe** flog in mein Hosenbein, und ich gab versehentlich Vollgas, als sie mich stach!"

Mit einer besonders einfallsreichen Ausrede, nämlich einem Rollenspiel, versuchte sich ein 26-jähriger Einbrecher im August 2016 in Leverkusen-Wiesdorf aus der Affäre zu ziehen: Als er vom Mieter der aufgebrochenen Wohnung überrascht wurde, wechselte er blitzschnell die Rollen und spielte den erstaunten Zuschauer: „Oh nein, in Ihre Wohnung ist eingebrochen worden!" Der Wohnungsinhaber reagierte verwirrt, und der Täter konnte ins Treppenhaus fliehen. Er lief der Polizeistreife quasi in die Arme – mittlerweile war nämlich ein Notruf eingegangen, denn der Täter war noch in zwei weitere Wohnungen im Haus eingestiegen, und die Beamten waren schnell vor Ort. Der schlaue und schauspielerisch ambitionierte Einbrecher ergänzte seinen Straftatenkatalog noch um das Delikt „Widerstand gegen Vollstreckungsbeamte" und wanderte wahrscheinlich wieder zu jenem Wohnsitz, den er erst im Oktober 2015 verlassen hatte: das Gefängnis.

PANNEN AUF AUTOBAHNEN UND ANDERSWO

Männer, die auf Autobahnraststätten Saxofon üben oder sich im Pissoir die Füße waschen, familiäre Katastrophen wie vergessene Kinder oder Ehefrauen, aber auch schlimme Unglücke wie der Mercedes-Transporter, der im März 2014 ungebremst in das Gebäude der Raststätte Katzenfurt an der A 45 raste, was einen Mitarbeiter das Leben kostete – die Verkehrspolizei erlebt jeden Tag Abenteuerliches. Damit sind nicht nur Hochgeschwindigkeitsorgien auf Autobahnen, mitmenschliche Entgleisungen, haarsträubende Ordnungswidrigkeiten und hanebüchene Unfälle gemeint, sondern auch das ganz gewöhnliche, aber deshalb umso kuriosere Leben.

Kaum einen Geschwindigkeitsrausch dürfte der 68-jährige Rentner erlebt haben, der im Juni 2016 mit seinem **Elektrorollator** auf der Straße von Clausthal-Zellerfeld nach Halberstadt 70 Kilometer zurücklegte. Die Höchstgeschwindigkeit des Fahrzeugs von sechs Kilometer pro Stunde konnte der Mann souverän beherrschen, obwohl er 1,73 Promille im Blut hatte, wie ein Test ergab.

Ebenfalls ein sehr sonderbares Gefährt lenkten 2013 vier nur mit Shorts bekleidete junge Männer in dem Örtchen Eibenstock in Sachsen: **einen fahrbaren Swimmingpool**. Wie die zuständige Polizei in Chemnitz berichtete, hatte jemand das Dach des Fahrzeuges abgeschnitten und das Auto in einen Pool verwandelt. Das im Innenraum mit blauer Schwimmbadfarbe gestrichene Fahrzeug war etwa bis zur Unterkante der Windschutzscheibe mit Wasser gefüllt. Die Polizisten konnten die Insassen leider nicht kennenlernen, weil sie offenbar betrunken waren und es vorzogen, sich aus dem Staub zu machen, als die Beamten sich näherten. Natürlich besaß der Swimmingpool auch keine Straßenzulassung.

Mit Tempo null blieb am 30. Dezember 2016 ein Autofahrer in Minden in der Einfahrt zum Weserauentunnel stecken. Kein technischer Defekt hielt ihn auf, sondern eine diffuse Angst: Der Mann litt unter einer **Tunnelphobie** und konnte deshalb nicht weiterfahren. Eine Möglichkeit zu wenden gab es nicht. Auch seine ihn begleitende Ehefrau konnte nicht weiterhelfen, denn sie besaß keinen Führerschein. Der ältere Autofahrer hatte deshalb das Auto vorschriftsmäßig geparkt und wartete auf die Polizei. Die Beamten lobten das umsichtige Verhalten des Autofahrers, eine Polizistin setzte sich hinter das Steuer und fuhr den Wagen mitsamt der Ehefrau durch den Tunnel. Ihr angstgeplagter Ehemann folgte, durch Gespräche abgelenkt, in einem Streifenwagen, wie unter anderen Die Welt berichtete.

Ganz und gar zum Stillstand kam auch ein wohl sehr müder Herr auf dem Beschleunigungsstreifen der A 9 bei Weißenfels in Sachsen-Anhalt im Januar 2016. Er hatte seinen Wagen dort abgestellt und war darin eingeschlafen. Eine Polizeistreife beendete sein **Nickerchen** und riss den 63-Jährigen aus seinen Träumen.

Auf ungewöhnliche Weise reagierte ein Jugendlicher in Rheinland-Pfalz im Oktober 2015, der seinen Vater im Auto begleitete. Genervt von der total uncoolen **Schlagermusik** seines Erziehungsberechtigten, hielt er einen Zettel mit dem groß geschriebenen Wort „Hilfe!" an das Seitenfenster des Autos. Eine mitfühlende Autofahrerin entdeckte den vermeintlich ernst gemeinten Hilferuf und alarmierte die Polizei, die der Sache auf den Grund ging. Nach einer Inspektion bei der Familie in Enkenbach-Alsenborn gaben die Beamten Entwarnung: familiär alles in Ordnung. Nur musste man dem Jungen wohl klarmachen, dass seine Art von Humor zu ziemlich unerwarteten Folgen führen kann. Ob der Vater nach diesem Ereignis seinen Musikgeschmack geändert hat, wurde nicht berichtet.

Mit einem **Schwertransporter** verwechselte wohl ein Mann auf der A 7 seinen **Pkw**: Er hatte vor, von Polen nach Tunesien umzuziehen und zu diesem Zweck seinen Dachgepäckträger mit einem Tisch, zwei Teppichen, sieben Fahrrädern, zwei Kinderwagen und mehreren Regalen beladen, alles mit Nylonschnüren festgezurrt. Auf einem Parkplatz an der Autobahn bei Langenau in Baden-Württemberg beendete die Polizei seine Fahrt, und er durfte, nachdem er alles abgeladen hatte, seine Fahrt fortsetzen.

Einen besonders dicken Fang machte die Polizei in Luzern im Juli 2016: Auf dem Dach eines ganz gewöhnlichen VW Golf türmten sich 408 Kilogramm zu viel, die hintere Achslast war um 174 Kilo, das zulässige Gesamtgewicht um 201 Kilo überschritten. Auf dem Dach lag – wohlgemerkt neben weiterer schwerer Ladung – ein kompletter Motorroller. Das Bußgeld fiel entsprechend üppig aus. Übrigens war auch dieser Fahrer auf den Weg nach Tunesien, wenn auch in diesem Falle als Tourist.

Ebenfalls ein Transportproblem hatte ein Autofahrer auf der Bundesstraße 486 bei Rüsselsheim, wie die Hamburger Morgenpost berichtete: Im Juli 2009 stoppten ihn Polizeibeamte, weil er vier Pflanzen auf einem Anhänger transportierte, die **volle fünf Meter in die Höhe** ragten. Nur vier Meter sind ohne Sondergenehmigung erlaubt. Zudem waren die Pflanzenkübel auf dem Anhänger kaum gesichert. Nachdem er die Ladung richtig befestigt hatte und seine Pflanzen auf die zugelassene Länge gekürzt hatte, durfte er weiterfahren. Eine Anzeige erfolgte dennoch.

Auf Schneckenschleim ins Schleudern
geriet im Juni 2016 auf einer Autobahnauffahrt der A33 in Ostwestfalen der Fahrer eines Trabants. Sein Wagen überschlug sich, nachdem er zahllose Nacktschnecken überfahren hatte. Der Fahrer konnte sich unverletzt retten, während etliche Schnecken in den Ewigen Großen Schleim eingingen. Ein Polizeisprecher sprach von einer „ganzen Karawane" von Schnecken, vermutlich eine Plage biblischen Ausmaßes.

DAS GING NACH HINTEN LOS
FAST SCHLAUE KRIMINELLE

Durchschnittliche Bürger geraten manchmal durch Unwissenheit oder Zufall und ohne hinterhältige Absichten mit dem Gesetz in Konflikt – nicht so der von seiner Mission überzeugte Straftäter an den kriminellen Rändern der Gesellschaft. Diese Sorte Täter versucht alles, um dem Zugriff der Ordnungshüter zu entkommen oder sich zumindest als schlauer als diese zu erweisen. Das kann ganz schön in die Hose gehen …

Für blöd verkaufen wollte offenbar ein Autofahrer die Polizeistreife, die ihn gestoppt und an den Straßenrand gewinkt hatte. Er hatte sein Auto unter Drogeneinfluss gelenkt und war nun in eine Routinekontrolle der Polizei geraten. Bußgeld, Führerschein weg, Anzeige wegen illegalen Drogenbesitzes – das Gehirn des angetörnten Verkehrsteilnehmer arbeitete trotz Droge auf Hochtouren, und es fand die Lösung: **Aprikosennektar**. Statt eine Urinprobe abzugeben, also in den Becher zu pinkeln, füllte der überschlaue Junkie den Becher mit Aprikosennektar, den er in seinem Auto dabeihatte. Doch die Beamten erkannten sofort den Betrug. Farbe, Konsistenz und Geruch ließen nur einen Schluss zu: Das ist kein Urin, sondern Aprikosennektar. Jetzt kommt es noch dicker für den Rauschliebhaber.

Nur allzu gern wollte er es den Bullen einmal zeigen: Ein Dortmunder Autofahrer raste am 28. Oktober 2015 in einer Tempo-30-Zone durch eine Blitzlichtfalle und grüßte die Herren von der Polizei gleich mit zwei ausgestreckten **Stinkefingern**. Der direkte Weg zu einer Anzeige? Haha, da hatte der Mann, schlau wie er war, vorgesorgt: Sein Gesicht verbarg die Sonnenblende des

Fahrzeugs, das vordere Kennzeichen hatte er sorgfältig abgeklebt. Die brauchten einfach mal einen Denkzettel, die doofen Bullen! Doch die Polizei war schlauer: Bei genauerer Untersuchung entdeckte ein Ermittler einen Werbeschriftzug und damit den Namen des Arbeitgebers auf der Heckscheibe. Er ließ es sich nicht nehmen, dem nassforschen Fahrer und seinem Chef den Bußgeldbescheid persönlich zu überbringen: fettes Bußgeld und ein Punkt in Flensburg.

Er hätte lieber laufen sollen, der Dieb in Adelaide/Australien, der auf der Suche nach einer Mitfahrgelegenheit ausgerechnet eine Zivilstreife der Polizei erwischte. **Künstlerpech!** Er trug nämlich eine Tasche voller Kupferrohre mit sich, welche das geübte Auge der Polizei sofort als Diebesgut erkannte. Warum? Dieselben Polizisten hatten am Morgen in einem Fall von Diebstahl ermittelt, bei dem – was wohl? – genau diese Kupferrohre geklaut worden waren.

Vom Schlaf übermannt wurde ein 40-jähriger Einbrecher im Mai 2015 in Berlin-Friedrichshafen während der „Arbeit". Er war mit zwei Komplizen durch die Terrassentür eingestiegen, hatte sich, müde und betrunken, auf ein Sofa gelegt und war eingeschlummert. Die von einem Nachbarn herbeigerufene Polizei weckte ihn und brachte ihn erst einmal hinter Gitter, wo er vermutlich weiterschlief. Seine beiden Helfershelfer – mutmaßlich auch blau – stellten sich beim Abtransport der Beute derartig ungeschickt an, dass sie festgenommen wurden: Mit zwei Fernsehern und fünf Taschen hatten sie – ganz unauffällig – versucht, sich mit der U-Bahn aus dem Staub zu machen.

Ähnlich **verschlafen** verhielt sich ein Einbrecher, der eigentlich keiner war, beziehungsweise als „Einbrecher aus Versehen" bezeichnet werden kann. Am 29. Februar 2016 fand die Polizei einen pitschnassen Mann in

Unterhose und T-Shirt schlafend auf einem Sofa in einer Parterrewohnung in einem Mehrfamilienhaus in Hagen. Seine restliche Kleidung hatte er neben dem Sofa abgelegt. Algen zierten sein müdes Haupt, denn bevor er in die Wohnung eines älteren Ehepaares eingestiegen war, hatte er einen Umweg über den Gartenteich genommen. Als der Ehemann – von lauten Geräuschen an der Terrassentür geweckt – den Einbrecher vorfand, reagierten er und seine Frau panisch, schlossen sich in ihrem Schlafzimmer ein und alarmierten von dort aus die Polizei. Die rückte mit mehreren Einsatzwagen an und umstellte das Haus. Eine Befragung des Täters ergab schließlich, dass der 25-Jährige aus Vorpommern ganz in der Nähe auf einer Party gefeiert hatte und danach in der Wohnung seines Onkels übernachten wollte. Als ihm niemand die Tür öffnete, habe er die Terrassentür eingeschlagen, müde wie er war. Er hätte lieber ins Hotel gehen sollen, denn nach seiner Tat hatte er nicht nur Grünzeug auf dem Kopf, sondern auch eine Anzeige wegen Sachbeschädigung und Hausfriedensbruch am Hals.

Im März 2014 brachte ein 35-jähriger
Dieb in Wilhelmshaven sein Diebesgut auf
ungewöhnliche Weise in „Sicherheit": Er
hatte an einem Kiosk eine 70-jährige Frau
überfallen und ihre Geldbörse geraubt.
Als ihn die herbeigerufene Polizei stellte,
zur Polizeiwache brachte und einer
Leibesvisitation unterzog, zog er mehrere
klein gefaltete Geldscheine aus einem Strumpf
hervor und verspeiste seine Beute. Ob er
dort, wo sich das Geld danach befand, davon
profitieren konnte, ist in Zweifel zu ziehen.

FREUND UND HELFER
RETTUNG FÜR DIE KRIMINELLE GEGENSEITE

Natürlich brauchen gesetzestreue Bürger die Polizei, weil sie ja für Recht und Ordnung sorgt und die Sicherheit aufrechterhält. Weniger gern gesehen – gleichgültig ob zivil oder in Uniform – sind die Ordnungshüter dort, wo die Gesetze ignoriert beziehungsweise zumindest sehr frei ausgelegt werden. Manchmal allerdings sind auch Kriminelle ausgesprochen froh, dass es die Ordnungsbehörden gibt, denn auch sie tun manchmal Dinge, die sich zu ihrem Nachteil entwickeln …

In Bonn scheiterte ein Einbrecher als **Ausbrecher**. Beim Durchsuchen einer Wohnung hatte er sich am 4. Dezember 2015 in eine ausweglose Lage gebracht. Die Tür eines Abstellraumes war hinter dem Mann zugeschlagen – und ließ sich von innen nicht mehr öffnen. Im Nebenzimmer hatte der Einbrecher seine Beute bereits für den Abtransport zurechtgelegt. Nun musste er aber einsehen, dass er sich in einer Sackgasse befand, und jemanden um Hilfe ersuchen. Und wer kann in so einem Falle hilfreich sein? Der ungeschickte Verbrecher rief mit seinem Mobiltelefon bei der Polizei an. Dort war er bereits ein alter Bekannter – er wurde wegen verschiedener Eigentumsdelikte gesucht. Die Beamten eilten herbei, befreiten ihn aus seinem Gefängnis und fügten der Liste seiner Straftaten eine weitere hinzu.

Ähnlich erging es im Januar 2017 in Kiel einem Einbrecher, der in ein Gemeindezentrum an der Rathausstraße eingestiegen war. Zunächst unternahm er einen **gewagten akrobatischen Akt**: Er baute sich einen Turm aus zwei Schreibtischen, einem Stuhl und obenauf einem Papierkorb, kletterte darauf zur Decke empor, lockerte die Verkleidung und stieg in die Zwischendecke ein, um in ein Nebenzimmer zu gelangen, in dem er reiche Beute vermutete. Das gelang ihm auch, nur brach dort die Decke ein – er stürzte hinab und schlug unsanft auf dem Boden auf. Mit einem verletzten Bein und zu wenig Material für einen erneuten Aufstieg zur Decke – es gab keine Tische und Stühle in ausreichender Anzahl – war er nun in dem verschlossenen Raum gefangen. Auch er wusste sich keinen anderen Rat, als die Polizei zu rufen. Schaden: 1.000 Euro und ein weiterer Eintrag ins Verbrechensregister des Mannes. Er wurde medizinisch und sicher auch erkennungs-dienstlich behandelt.

Ebenfalls für akrobatisch begabt hielt sich ein polizeibekannter 36-jähriger Drogen-konsument in Köln. Weil er angeblich einen Freund überraschen wollte, kletterte er aus dem Fenster, rutschte ab und konnte sich nur noch an einem **Geländer** festhalten

(Polizeideutsch: Er hatte sich selbst „in eine hilflose Lage gebracht"). Die Polizei rettete ihn und kassierte ihn gleich ein: Er war wegen anderer Delikte in Nürnberg gesucht worden.

Vom Täter zum Opfer wurde ein Einbrecher im Dezember 2014 in Ratingen. Jedenfalls sah er selbst es so, denn er benötigte die Hilfe der Polizei: Bei einem Einbruchsversuch gegen 23:30 Uhr war der Mann von einem Anwohner erwischt und in einem Kellerraum eingeschlossen worden. Wie die zuständige Kreispolizeibehörde Mettmann mitteilte, hatte der Zeuge aus dem Keller eines Mehrfamilienhauses verdächtige Geräusche gehört. Er lief hinunter und sah in einem aufgebrochenen Kellerraum einen Mann, der Gegenstände in eine Tasche packte. Daraufhin reagierte er blitzschnell, schloss den Einbrecher im Keller ein und drohte ihm damit, ihn über Nacht dort zu belassen. Der Täter reagierte klaustrophobisch und rief mit seinem Mobiltelefon selbst die Polizei, die ihn schließlich „befreite".

An die Falschen geraten war ein 48 Jahre alter Straftäter in Italien, der am 4. August 2009 in Rom koreanische Touristen berauben wollte. Er bedrohte die Gruppe mit einem Messer, entriss einer Frau die Handtasche und wollte fliehen. Sein Pech war, dass zwei der Touristen recht gut ausgebildete **Taekwondo-Kämpfer** waren. Sie verfolgten den Mann über eine Strecke von mehreren Hundert Metern und brachten ihn mit professionellen Tritten zu Boden. Damit waren sie allerdings noch nicht zufrieden, sie traktierten ihn weiter heftig – bis die Polizei ihn schwerverletzt aus dem Zugriff seiner „Opfer" befreien konnte und in Gewahrsam nahm. Die Handtasche ging an die Besitzerin zurück, der Straßenräuber landete im Gefängniskrankenhaus und erwartete seine Verurteilung wegen bewaffneten Raubes.

DIE POLIZEI UND DER ALKOHOL

Polizist: „Haben Sie vielleicht noch Restalkohol?" Darauf der Autofahrer: „Nein, aber da vorne an der Tankstelle müssten Sie schon noch was kriegen können."

Verkehrsteilnehmer unterstellen der Polizei häufig ein zwiespältiges Verhältnis zum Alkohol. Emsig recherchierende Journalisten entdeckten schon mal Bierflaschen und Härteres im Kühlschrank mancher Polizeiwache, und es wird behauptet, dass hinten im Streifenwagen immer ein Kasten Bier mitfährt. Oder es werden Witze über die Vergehen gemacht, welche die Polizei bei Verkehrskontrollen verfolgt, aber – so wird unterstellt – selbst ständig begeht: Was muss ein Polizist trinken, wenn er 0,5 Promille erreichen will? Drei Tage lang nichts.

Zumindest die offizielle Wirklichkeit sieht anders aus: Hunderte Verkehrsunfälle werden durch Alkohol am Steuer verursacht und, was die Polizei angeht, blau sind allenfalls die Streifenwagen. Manche Verkehrsteilnehmer, die von der Polizei kontrolliert werden, sind hingegen himmelblau, mit einer Nuance ins Ultraviolette. Aber auch kleine Promillewerte genügen manchmal für große Eseleien:

Auf nur **0,73 Promille** kam ein 55-jähriger Autofahrer im Januar 2017 in Scharnebeck – die machten ihm allerdings einigen Ärger, weil er, angetrunken, wie er war, bei der Polizei in Scharnebeck vorfuhr, um eine Angelegenheit zu regeln. Seinen Mini musste er dann auf dem Parkplatz vor dem Polizeigebäude stehen lassen. Keine sonderlich interessante Meldung? Nicht nur die Polizei war verwundert, als der Mann am nächsten Tag erschien, um sein Auto abzuholen. Er war mit einem Zweitwagen, einem Polo, angereist und – wieder blau: **0,62 Promille**. Auch das zweite Auto wurde geparkt, und den Wiederholungstäter erwartete ein Führerscheinentzug. Außerdem wurden die Parkplätze vor dem Dienstgebäude knapp.

Deutlich mehr, nämlich **2,68 Promille** Alkohol im Blut, hatte ein 31-jähriger Unfallfahrer im Passat, der am 11. April 2017 in Obernburg am Main nicht nur selbstständig bei der Polizei erschien, sondern auch gleich seinen Unfall vor dem Dienstgebäude abwickelte. Er rammte einen genau gegenüber der Polizeidienststelle geparkten Mazda, was lange Anfahrten überflüssig machte.

2,92 Promille Blutalkohol erreichte eine 57-jährige Autofahrerin in Faulbach im unterfränkischen Landkreis Miltenberg bereits am helllichten Tag gegen 15 Uhr. Die Frau schaffte es immerhin bis nach Hause, wurde dann aber über die Halterermittlung identifiziert und erhielt Besuch von der Polizei, welche ihren Führerschein kassierte.

Sie finden 2,92 Promille schon ziemlich viel? Rekordtrinker am Steuer sind bei diesem Wert quasi nüchtern. Eine 27-jährige Schwedin trank sich **4,61 Promille** an, ein Lkw-Fahrer aus Litauen steuerte sein Fahrzeug mit **7,27 Promille** Alkohol im Blut. Das sind Werte, die „ungeübte" Trinker in Lebensgefahr bringen können. Den europäischen Rekord hält ein junger Franzose, der mit unglaublichen **10 Promille** in einen Straßengraben fuhr. Erwartungsgemäß übertrifft ihn ein russischer Autofahrer, bei dem volle **12 Promille** gemessen wurden – etwa die doppelte tödliche Dosis.

Eine Feststellung der Blutalkoholwerte war bei dem folgenden Täter nicht möglich: In Hahndorf/Harz hat ein **beduselter Dachs** die Polizei auf den Plan gerufen. Blau, wie er war, weigerte sich Grimbart, die Straße zwischen den niedersächsischen Ortschaften Hahndorf und Groß Döhren zu verlassen. Seine stoische Ruhe verdankte das Tier einem Kirschbaum, dessen überreife Früchte ihn in einen Zustand rauschhaften Glücks versetzt hatten. Mit einem Besen konnten die Polizisten den Dachs schließlich doch noch davon überzeugen, dass es besser sei, seinen Rausch in wuchernder Wildnis auszuschlafen.

HAHA, SIND DIE BLÖD!

Das Image der Ordnungshüter ist vielerorts nicht gerade das beste. Nein, als gewalttätig wie Amerikas Cops gelten Deutschlands Ordnungshüter nicht. Dementsprechend passt der folgende Witz nicht auf deutsche Beamte im Straßeneinsatz:

In einer Kleinstadt in Alabama liegt ein Schwarzer tot auf der Straße, von vierzig Kugeln durchbohrt. Der Sheriff betrachtet die Leiche und meint zu seinem Deputy: „Fucking shit! So einen furchtbaren Selbstmord habe ich noch nie gesehen."

✪

Immerhin sagt man Deutschlands Gesetzeshütern nach, dass sie zusammenhalten wie Pech und Schwefel, wenn einem von ihnen mal die Hand ausrutscht oder eine Kugel unerwarteten Schaden anrichtet. Das gehört zu ihrem Negativimage. Aus Sicht der Beamten ist das wenig ehrenrührig, denn Uniformierte halten auf der ganzen Welt zusammen wie Pech und Schwefel.

Als kränkend bis beleidigend empfinden sie andere Anteile ihrer öffentlichen Reputation. Viele, besonders rechts gesinnte Bundesbürger meinen, unsere Polizei sei vom Weichei-Virus befallen, und schlimmer noch: Vielfach ist die Meinung verbreitet, Polizisten seien dumm. Diese Ansicht hat Eingang in den Humor der Straße gefunden:

Was sind die vier schwersten Jahre im Leben eines Polizisten? Die erste Klasse.

✪

Schon klar, es mangelt ihnen an Bildung. Das belegt auch die folgende satirische Szene:

Zwei Polizisten haben vor einem Gymnasium eine männliche Leiche gefunden. Nun müssen sie einen Bericht verfassen. Fragt der eine den anderen: „Du, wie schreibt man eigentlich Gymnasium?" –„Keine Ahnung", meinte der andere. „Komm, wir tragen ihn rüber zur Post!"

So viel Mangel an Bildung hat natürlich Folgen, weiß der Volksmund:

Früher waren die Uniformen bei der Polizei orange und weiß. Orange für die oberen Dienstränge und weiß für die unteren. Für jede dumme Antwort hat es dann einen kleinen grünen Punkt gegeben.

Welches Tier hat sein Arschloch am Rücken? Das Polizeipferd.

Ein Polizist wird mit schweren Verbrennungen an den Ohren ins Krankenhaus eingeliefert. „Um Himmels willen, wie ist das denn passiert?", will der Arzt wissen. „Ich habe gebügelt", erzählt der Beamte, „da klingelte das Telefon. Ich war so in Gedanken und habe statt des Telefons das Bügeleisen ans Ohr gehalten." – „Das verstehe ich nicht", staunt der Arzt. „Warum haben Sie sich dann beide Ohren verbrannt?" – „Naja, ich musste doch noch den Rettungswagen rufen!"

✪

Auch der volkseigene Humor vergangener Tage rückt die Polizei nicht eben in das hellste Licht. Vor der Wiedervereinigung wurde der Polizei Ost mangelnde Intelligenz unterstellt:

Auf dem Ball der Deutschen Volkspolizei fordert ein Vopo-General Margot Honecker zum Tanz auf. Das ist die Gelegenheit für ihn, Kritik zu üben: „Genossin Honecker, es wird Zeit, dass diese Vopo-Witze verboten werden! Volkspolizisten sind nicht dumm!" Margot lächelt: „Aber irgendetwas muss schon dran sein. Sie sind zum Beispiel der erste, der mich bei der Nationalhymne zum Tanzen aufgefordert hat."

Nahe an der Wirklichkeit dürfte allerdings die folgende lustige Konversation sein:

„Stell dir mal vor", sagt der eine Polizist zum anderen, „du findest einen 100-Euro-Schein in deiner Hosentasche. Was würdest du tun?" – Antwortet der andere: „Ich würde mich fragen, wessen Hose ich da eigentlich anhabe."

Sehr realistisch, denn sonderlich gut bezahlt wird man in diesem Beruf nicht.

WAS ES KOSTET, DIE POLIZEI ZU BELEIDIGEN
EIN BUSSGELDKATALOG

Vielleicht ist es an dieser Stelle schon zu spät und dieser Abschnitt hätte besser am Anfang des Buches gestanden – aber vielleicht können wir doch noch den einen oder anderen Polizeihasser vor schwerwiegenden und vor allem teuren Folgen bewahren.

Wenn der Polizist sagt: „Papiere!" und du sagst: „Schere!", hast du dann gewonnen? Sich über die Polizei und ihre Arbeitsweise lustig zu machen, ist die eine Sache. Aber im direkten Kontakt, zum Beispiel bei einer Verkehrskontrolle, den Alleinunterhalter zu geben, Dampf abzulassen und den starken Mann oder die überlegene Frau zu spielen, kann unangenehme Folgen nach sich ziehen. Wenn es an Respekt fehlt oder die Regeln höflichen Umgangs verletzt werden, schallt es aus dem Wald heraus, wie man hineinruft. [Gibt es eigentlich den Tatbestand „Vergewaltigung von Sprichwörtern"?]

Hier einige Angaben über das Strafmaß, mit dem abfällige Gesten und verbale Attacken gegen Polizisten von der Justiz geahndet werden:

Beleidigung im Straßenverkehr	fünf Punkte in Flensburg
Den Mittelfinger zeigen	4.000 Euro
Alte Sau!	2.500 Euro
Fieses Miststück!	2.500 Euro
Du Schlampe!	1.900 Euro
Am liebsten würde ich jetzt Arschloch zu dir sagen!	1.600 Euro
Raubritter!	1.500 Euro
Trottel in Uniform!	1.500 Euro
Du Wichser!	1.000 Euro
Wichtelmann!	1.000 Euro
Kasperleverein!	1.000 Euro
Verfluchtes Wegelagerergesindel!	900 Euro
Sie sind ja krankhaft dienstgeil!	800 Euro
Tippen an die Stirn	750 Euro
Bei dir piept's wohl!	750 Euro
Du Holzkopf!	750 Euro
Einen Vogel zeigen	750 Euro
Einen Kreis aus Daumen und Zeigefinger bilden	675 Euro
Dir hat wohl die Sonne das Gehirn verbrannt?	600 Euro
Einen Polizisten duzen	600 Euro
Asozialer!	550 Euro
Hast du blödes Weib nichts Besseres zu tun?	500 Euro
Was willst du, du Vogel?	500 Euro
Du blödes Schwein!	475 Euro
Wegelagerer!	450 Euro
Du bist doch zu dumm zum Schreiben!	450 Euro
Du armes Schwein, du hast doch eine Mattscheibe!	350 Euro
Dumme Kuh!	300 Euro
Leck mich doch!	300 Euro
Die Zunge herausstrecken	150 Euro

ANDERSWO MACHT MAN AUCH MIST
AKTENKUNDIGE KURIOSITÄTEN IM AUSLAND

Nicht nur die deutsche Polizei hat ein ausgesprochen vielfältiges und komplexes Einsatzgebiet. Auch in anderen Staaten auf dem Globus lassen sich ganz gewöhnliche Bürger, aber auch kriminelle Elemente aberwitzige Dinge einfallen, mit denen sich die Beamten der Polizei anschließend herumschlagen müssen.

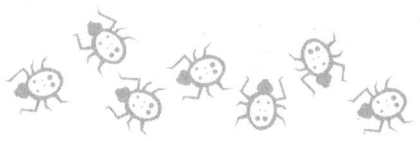

Eine Kolonie **Bettwanzen** aus einem Mietauto vertreiben wollte ein Mann im US-Bundesstaat New York im April 2015, und weil er einmal gehört hatte, dass Alkohol gut gegen das Ungeziefer wirkt, kippte er eine volle Flasche davon auf die Rückbank des Fahrzeugs. Offenbar zufrieden mit seiner Aktion, zündete er sich sozusagen die Zigarette danach an – das Auto stand Sekunden später in Flammen, die auch auf zwei danebenstehende Fahrzeuge übergriffen. Der dilettantische Insektenbekämpfer konnte sich mit Verbrennungen selbstständig retten, die Bettwanzen segneten das Zeitliche. Ob es allerdings der Alkohol war, der die Schadinsekten getötet hat? Nachzulesen bei New York Daily News und im öffentlichen Polizeibericht.

Das **Känguru** taucht in diesem Buch ungewöhnlich häufig auf, an dieser Stelle als Hilfsmittel eines Täters: Als Känguru verkleidet überfiel ein 16-Jähriger in Südfrankreich im April 2014 einen Tabakladen – und lief einer Polizeistreife quasi direkt in die Arme. Beim Anblick der bewaffneten Beamten ließ er seine Hüllen fallen – jedenfalls das Känguru-Kostüm – und warf auch seine Waffe weg, die nichts weiter als eine Attrappe war. Die Polizei ließ nachher wissen, es habe sich um ein „dummes Spiel" gehandelt, einen „Spaß, der schlecht hätte ausgehen können." Woraus der Kriminelle lernt, dass man für eine Straftat wie Raubüberfall nicht belangt wird, wenn man dabei nur ein lustiges Känguru-Kostüm trägt.

Einen sehr ungewöhnlichen Weg, die Polizei um Hilfe zu rufen, fand eine Frau in Florida am 8. Mai 2015. Die Bestellung für eine **Peperoni-Pizza**, die an diesem Tag online beim Pizzalieferanten einging, enthielt eine alarmierende Nachricht im Kommentarfeld: „911 hostage help". Die Verfasserin des Hilferufs war die 25-jährige Cheryl T., die Streit mit ihrem Freund hatte. Der zeigte sich von seiner brutalen Seite, nahm ihr das Mobiltelefon weg, sperrte sie mit ihren drei Kindern ein und bedrohte sie zudem noch mit einem Messer. Nach Stunden der Geiselhaft erlaubte der Täter seinem Opfer, eine Pizza zu bestellen – ein schwerer Fehler aus seiner Sicht, wie sich zeigen sollte. Glücklicherweise alarmierten die Mitarbeiter des Lieferdienstes die Polizei. Als die Einsatzkräfte eintrafen, gelang der Mutter mit einem Kind die Flucht. Den Rest regelte die Polizei – der Mann ließ die beiden anderen Kinder frei, gab auf und ließ sich ohne weiteren Widerstand verhaften.

Zäh fließenden Verkehr im wahrsten Sinne des Wortes musste die Polizei im neuseeländischen Auckland am 8. April 2015 verhindern: Auf einer Kreuzung waren über **100 Liter Klebstoff** auf die Fahrbahn ausgelaufen, wie der neuseeländische Sender TVNZ berichtete. Die Kreuzung wurde gesperrt, der Verkehr umgeleitet. Dabei blieb so mancher Verkehrsteilnehmer im Stau stecken – ganz ohne Klebstoff.

Ein australischer Pilot hatte Durst und wollte zu seiner Kneipe „Purple Pub". Und was tut man, wenn gerade kein Auto verfügbar ist? Man nimmt das **Flugzeug**, in diesem Falle eine zweisitzige Propellermaschine vom Typ Beechcraft. So geschehen am 3. November 2014. Immerhin ließ der Pilot die Flügel zurück und rollte mit dem Rumpf der Maschine, angetrieben vom Propeller, über die Hauptstraße des Ortes Newman bis zur Kneipe. Das beobachtete ein Augenzeuge und rief die Polizei. Die verstand keinen Spaß, wusste aber auch nicht aus dem Stand, wie man gesetzlich gegen den Flieger am Boden vorgehen sollte. Also wurde er präventiv verhaftet, denn es musste ja zunächst untersucht werden, ob sich der Mann gesetzeswidrig verhalten hatte.

Wer beklaut denn die Polizei? Italienische Diebe, denn die kennen offenbar die Carabinieri und ihre Angewohnheiten im Stiefelstaat. Am 16. Dezember 2016 wachten zwei Staatsbedienstete im Osten Roms an einer viel befahrenen Straße im Dienstwagen neben ihrem **Radargerät** auf einem dreiteiligen Stativ, um Temposünder zu fangen. Dabei übermannte die rechtschaffenen Staatsdiener offenbar eine übermenschliche Müdigkeit – und als sie gegen 2:00 Uhr morgens erwachten, war das Radargerät weg, wie die Zeitung Republica berichtete. Schlafmittel wurden im Blut der Beamten nicht gefunden – sie waren ganz von selbst eingedöst. Peinlich, peinlich, zumal der Fall von der gesamten europäischen Presse publiziert wurde.

Deutlich aufgeweckter zeigte sich eine schwedische Polizeibeamtin: Sie verhinderte nämlich einen Diebstahl, was an sich nichts Besonderes darstellt. Sie tat es jedoch in ihrer Freizeit und – im **Bikini**! Im Juli 2016 hatte sich ein Taschendieb einen Park in Stockholm als Jagdgebiet ausgesucht, tarnte sich als Verkäufer für Obdachlosen-Zeitungen und griff bei den Parkbesuchern zu, wo er nur konnte. Er hatte allerdings nicht damit gerechnet, dass auch die Ordnungskräfte vor Ort waren, und zwar besser getarnt als der Straftäter.

Die Polizistin Mikaela Kellner war zwar nicht im Dienst, hatte aber auch als private Parkbesucherin einen wachen Blick auf das Geschehen. Als der Dieb einem ihrer Freunde ein Mobiltelefon entwendete, schlug sie zu:

Nach einem Spurt über 15 Meter brachte sie den Täter mithilfe einer Kollegin zu Boden und hielt ihn fest, bis eine – voll bekleidete – Polizeistreife – vor Ort eintraf. Für Mikaela Kellner war der Fall in elf Jahren Polizeidienst ihre erste Festnahme im Bikini, wie der Kölner Stadtanzeiger berichtete.

Mit **einem polytoxikomanen Hund** musste sich die Polizei im Mai 2016 in der kalifornischen Stadt Tustin auseinandersetzen. Der Hunde-welpe namens Bubba hatte, wie ein Drogen-test ergab, Crystal Meth, Heroin und Nikotin im Blut. Wie die Drogen in das Tier kamen, ist Gegenstand der Ermittlungen. Bubba wurde auf Entzug geschickt, und es wurde nach einem neuen Besitzer gefahndet – dort, wo der bisherige Besitzer sich aufhält, sind Hunde nicht erlaubt, und die Haftstrafe wegen der Drogendelikte und der Tierquälerei wird sicher lang ausgefallen sein.

KLEINES LEXIKON
DER POLIZEISPRACHE

WAS BEAMTE SO REDEN,
WENN DER DIENST LANG IST

Was dem Weinkenner seine Degustation, dem Antiquitätenhändler sein Gelsenkirchener Barock und dem Mediziner seine Diarrhöe ist, ist dem Polizeibeamten seine KoPlaWu. Viele Berufe haben ihre Fachsprache – so natürlich auch die Polizei. Und so manches Mal ist es nicht ganz einfach, die Bedeutung der benutzten Sprachäußerungen aus dem Stegreif heraus richtig zu interpretieren:

abdebben – *einem Verkehrsteilnehmer eine Verwarnung ausstellen*

Außenbeleidiger *(scherzhaft)* – *Außenlautsprecher von Polizeifahrzeugen*

Außenwerbung – *Blaulicht und Signalhorn bei Wegerechtsfahrten*

BASA – *besonders auffälliger Straftäter mit Migrationshintergrund (ausländischem Hintergrund)*

Blasomat – Alkomat (WP)

Blaustich – Einsatzfahrt mit Blaulicht und Martinshorn oder anders gesagt: „unter Inanspruchnahme von Sondersignalen"

Bunker – Polizeigewahrsam

FiaZ – Fahrer in angetrunkenem Zustand

FiüZ – Fahrer in übermüdetem Zustand

FuKrad – Polizeimotorrad mit Funk

Gästezimmer – Haftzelle

Grüne Minna – Gefangenenkraftwagen (GefKw)

Gummiwurst – Schlagstock (WP) aus Vollgummi

Heli, Hubi – Abkürzungen für Helikopter

Hilo, Hilope – hilflose Person

Karpfengriff – Technik, um einen Festgenommenen außer Gefecht zu setzen; dabei drückt der Polizeibeamte seine Finger rechts und links in die Weichteile des Unterkiefers (von vorn oder von hinten) wie ein Angler, wenn er dem Karpfen den Angelhaken aus dem Maul nehmen will

Kelle – beleuchteter Anhaltestab

Kipo – Abkürzung für Kinderpornografie

Knacki – Abkürzung für Knastinsasse, jemand der bereits eine Haftstrafe verbüßt hat

KoPlaWu – Kopfplatzwunde

Ladi – Abkürzung für Ladendieb

Limo – Straftäter, politisch links motiviert

LZA – Abkürzung für Lichtzeichenanlage bzw. Ampel

MEM – mobile ethnische Minderheit, Ausdruck für Sinti und Roma

MIT – Mehrfachintensivtäter

Musik – Signalhorn

Nafri – nordafrikanischer Intensivtäter

Olo – Obdachloser

Owi – Abkürzung für Ordnungswidrigkeitenanzeige

Quetsche – *Handfunkgerät im Gegensprechmodus (sprechen nur mit Tastendruck)*

Ratte – *Person ohne Achtung der sozialen (gesetzlichen) Regeln*

RSH – *Rauschgiftsuchhund*

Sanka – *Krankenwagen*

SpuSi – *Abkürzung für Spurensicherung*

Stricher – *Bezeichnung für Polizeimeisteranwärter/-innen, die eine strichförmige Litze am Schulterstück tragen*

Tröte – *tragbares Alkoholmessgerät mit Signalton*

TV – *nicht etwa Fernsehen, sondern Tatverdächtiger*

VK – *Verkehrskontrolle*

VU – *Verkehrsunfall*

VU Ex – *Verkehrsunfall mit tödlichen Folgen (Exitus)*

VU Flucht – *Fahrerflucht bzw. „unerlaubtes Entfernen vom Unfallort"*

VU mit, VU ohne – *Verkehrsunfall mit oder ohne Verletzte*

WaSchuPo – *Wasserschutzpolizei*

Wumme – *Schusswaffe, Pistole*

zapfen – *Entnahme einer Blutprobe*

zetteln – *Verkehrsteilnehmern eine Verwarnung ausstellen*

Die Community für alle, die Bücher lieben

Das Gefühl, wenn man ein Buch in einer einzigen Nacht verschlingt – teile es mit der Community

In der Lesejury kannst du

★ Bücher lesen und rezensieren, die noch nicht erschienen sind

★ Gemeinsam mit anderen buchbegeisterten Menschen in Leserunden diskutieren

★ Autoren persönlich kennenlernen

★ An exklusiven Gewinnspielen und Aktionen teilnehmen

★ Bonuspunkte sammeln und diese gegen tolle Prämien eintauschen

Jetzt kostenlos registrieren: www.lesejury.de
Folge uns auf Facebook:
www.facebook.com/lesejury